BASTEI
LÜBBE

Über die Autoren:

Glenn D. Wilson ist einer der bekanntesten britischen Psychologen. Er hat mehr als 150 Artikel und 25 Bücher zu verschiedenen psychologischen Themen veröffentlicht.
Chris McLaughlin ist Fachjournalistin für Gesundheitsthemen und Lektorin.

Glenn D. Wilson
Chris McLaughlin

L.Q.
DER LIEBES QUOTIENT

Aus dem Englischen von
Kirsten Langbein

BASTEI LÜBBE

BASTEI LÜBBE TASCHENBUCH
Band 60534

1. Auflage: Februar 2004

Deutsche Erstveröffentlichung

Bastei Lübbe Taschenbücher ist ein Imprint
der Verlagsgruppe Lübbe

Die Originalausgabe erschien unter dem Titel
The Science of Love bei Fusion Press,
a division of Satin Publications Ltd., London
Dieses Buch wurde vermittelt durch
die Literarische Agentur Thomas Schlück GmbH, 30827 Garbsen

Umschlaggestaltung: Gisela Kullowatz
Satz: Textverarbeitung Garbe, Köln
Druck und Verarbeitung: Ebner & Spiegel, Ulm
Printed in Germany
ISBN 3-404-60534-9

INHALT

VORWORT

Wissenschaft und Liebe scheinen auf den ersten Blick nicht zusammenzupassen. Wissenschaft ist nüchtern, analytisch und objektiv, Liebe dagegen warm, emotional und geheimnisvoll. Vermutlich hat die Wissenschaft deshalb dieses Feld über so viele Jahrhunderte der Dichtkunst und der Philosophie überlassen. Doch seit einigen Jahren werden Techniken aus der Psychologie und der Neurochemie angewandt, um die Geheimnisse um Partnerwahl, Liebe und Erfolg bzw. Misserfolg von Partnerschaften zu lüften. Mit diesem Buch wollen wir Sie als interessierten Laien über den Stand der Forschung informieren und Ihnen einige der aufschlussreichsten Entdeckungen vorstellen. Wir hoffen, Sie werden die Lektüre gleichermaßen interessant wie auch hilfreich für das Verständnis Ihrer eigenen Gefühle und Beziehungen finden.

In einer Hinsicht ist der wissenschaftliche Ansatz tatsächlich nüchtern, denn er sucht nach der Wahrheit und lässt Fakten für sich selbst sprechen – selbst wenn sie uns manchmal Unangenehmes eröffnen. Einst wollten die Menschen nichts davon wissen, dass die Erde nicht das Zentrum des Universums ist oder dass die Affen und wir gemeinsame Vorfahren haben. So werden auch einige nicht gerade begeistert von manchem Ergebnis sein, das wir hier präsentieren, aber wir können uns der Tatsache nicht verschließen, dass unser Verhalten in Liebesdingen überwiegend irrational ist und von Hormonen, chemischen Prozessen im Gehirn und Instinkten gesteuert wird. Dieses Verhalten hat sich über einen Zeitraum von Jahrmillionen entwickelt, und wir teilen es mit vielen Tieren. Wir müssen auch akzeptieren, dass es zwischen Männern und Frauen erhebliche Unterschiede gibt, was ihre Bedürfnisse, Vorlieben, Motive und Persönlichkeitsmerkmale betrifft. Diese Unterschiede sind meist fundamental und biologisch fest verankert. Sie können nur sehr bedingt durch Sozialisierung, Rollenverhalten oder Kultur erklärt werden. Häufig scheinen sie uns unvermeidlich in Konflikt mit dem anderen Geschlecht zu bringen. Trotzdem ist es besser, diese Unterschiede anzuerkennen und zu verstehen, als ihre Existenz zu leugnen.

Wir folgen unseren Instinkten häufig nicht bewusst und rationalisieren unser Verhalten in einer für uns akzeptablen Form. Männer sagen nicht: »Meine Libido treibt mich zur Suche nach neuen sexuellen Reizen und in die Promiskuität, um meinen Genen die größtmögliche Chance zur Weitergabe zu geben«, sie sagen stattdessen: »Meine Frau versteht mich nicht.« Frauen sagen nicht: »Ich will, dass meine Kinder einmal gut versorgt sind«, sie sagen eher: »Ich warte damit auf den einen, den ich wirklich liebe.« Unser oberstes Ziel ist hier nicht, diese Vorwände als solche zu entlarven, sondern eine tiefere Einsicht in die wahren Beweggründe für unser Verhalten zu vermitteln. Wenn diese Unterschiede tatsächlich auf tief sitzenden Instinkten beruhen, dann sind sie durch relativ neue Veränderungen wie der Entwicklung von wirksamen Verhütungsmitteln oder einer allmählichen politischen Gleichberechtigung der Frau nicht so ohne weiteres außer Kraft zu setzen.

Es gibt kritische Stimmen, die bemängeln, dass die Wissenschaft ohnehin nur bestätigt, was der Volksglaube auch ohne sie weiß. Doch ganz so ist es nicht. Jeder »wusste«, dass die Erde eine Scheibe ist, bis man herausfand, dass man rundherum segeln kann. Früher glaubte man, dass Gefühle aus dem Herzen kommen, heute wissen wir, dass sie das Produkt der Prozesse in unserem Gehirn sind. Hinzu kommt, dass der Volksglaube für alles eine Weisheit parat hält, auch wenn er sich dabei manchmal widerspricht. »Die Liebe wächst mit der Entfernung« kennt wohl jeder, aber auch: »Aus den Augen, aus dem Sinn.« Es ist nun Aufgabe der Wissenschaft herauszufinden, welches Sprichwort der Wahrheit näher kommt bzw. welches unter welchen Umständen auf wen zutrifft. Introvertierte Menschen trauern einer verlorenen Liebe vielleicht stärker nach, während extrovertierte Menschen schneller eine neue Liebe finden.

In der Wissenschaft kommt es darauf an, solche Hypothesen zu überprüfen und zu sehen, welche davon standhält. Dabei besitzen die Thesen Sigmund Freuds zunächst einmal nicht mehr Gültigkeit als die Meinung von Bill Bloggs. Keine Autorität ist im Besitz des Steins der Weisen, folglich muss jede ihre Theorien infrage stellen lassen. Vermutungen sind erlaubt, und auch wir werden in diesem Buch nicht gänzlich ohne auskommen – wichtig dabei ist nur, sie auch als solche zu kennzeichnen und zu revidieren, falls sich etwas anderes herausstellen sollte.

Wir hoffen, dass dieses Buch dazu beiträgt, einige Geheimnisse der Liebe zu lüften und ihre beiden Seiten – himmelhoch jauchzend, zu Tode betrübt – etwas verständlicher zu machen. »Es ist«, um Sommerset Maugham zu zitieren, »vielleicht nur ein mieser Trick, um unseren Fortbestand zu sichern«, aber unsere Gefühle sind wichtig und haben einen Wert an sich. Viele Menschen denken, dass vor allem die Liebe das Leben lebenswert macht und »die Welt im Innersten zusammenhält«. Im Folgenden wollen wir zu klären versuchen, was es wissenschaftlich betrachtet bedeutet, wenn wir lieben – und warum wir uns dabei manchmal höchst seltsam verhalten.

Glenn D. Wilson und *Chris McLaughlin*
London, Februar 2001

1
WUNSCH UND WIRKLICHKEIT

Liebe ist wie der Wind, der in dunkler Nacht
durch das Gras unter einem Baum streicht.
Versuche nicht, die Liebe zu zwingen –
sie ist der göttliche Zufall des Lebens.

Sherwood Anderson[1]

Als Prinz Charles 1980 seine Verlobung mit Lady Diana Spencer bekannt gab, wollten die Reporter wissen, ob sie verliebt seien. »Ja, was auch immer das heißt«, antwortete er und wurde in der Folge von vielen Zeitungen wegen mangelnder Romantik aufgezogen. Im Grunde ist es aber eine vollkommen vernünftige Bemerkung, die Beachtung von Seiten der Wissenschaft verdient – und auch erhalten hat, denn nicht wenige von uns haben schon mal darüber nachgedacht: Was meinen wir denn eigentlich, wenn wir sagen, wir seien »verliebt«? Ist das etwas anderes als jemanden »lieben«? Ist das schon eine solide Basis für eine dauerhafte und glückliche Beziehung?

Wer will das wissen?

Seit Jahrhunderten ist die Liebe das Lieblingsthema in der Literatur und seit einiger Zeit auch im Kino und Fernsehen, aber erst seit etwa 50 Jahren wird auf den Gebieten der Psychologie und Soziologie darüber geforscht. Als das kalte und grelle Licht der Wissenschaft auf diesen sensiblen und geheimnisvollen Bereich der menschlichen Erfahrung gerichtet wurde, gab es von manch einer Seite Kritik. Noch Ende der 70er-Jahre sprach US-Senator William Proxmire für viele, als er seine Bedenken zu diesem neuen Forschungsgebiet äußerte: »Ich glaube, dass es 200 Millionen amerikanischen Bürgerinnen und Bürgern lieber wäre, wenn einige Aspekte des Lebens ein Geheimnis blieben. Ganz oben auf der Liste der Dinge, die wir lieber nicht wissen wollen, steht dabei die Frage, warum sich – rein biologisch betrachtet – ein Mann in eine Frau verliebt bzw. umgekehrt.« Doch wie bei anderen kontroversen Forschungsgebieten, wie z.B. bei der Genetik oder der Kernphysik, kann eine einmal gewonnene Erkenntnis nicht wieder rückgängig gemacht werden.

Die wissenschaftliche Erforschung der Liebe schreitet also immer weiter voran, wobei allerdings gerade einige von denjenigen, deren Beziehung im Zuge der ersten wissenschaftlichen Erhebungen unter die Lupe genommen wurde, die Ansicht des Senators stützten. Der Psychologe Zick Rubin, einer der Pioniere auf diesem Gebiet, stellte fest, dass einige Versuchsteilnehmer davon überzeugt waren, ihre Teilnahme an den Versuchen habe ihrer Beziehung geschadet.[2] »Bei manchen festigten die Versuche die Partnerschaft, bei anderen beschleunigten sie deren Beendigung, und für manche wurde ihre Beziehung durch den statistischen Ansatz entwertet.« Anders als viele seiner Kollegen und Kolleginnen, die einer solchen Kritik jede Berechtigung absprachen, erkannte Rubin die möglicherweise destruktive Wirkung der Forschung an. »Männer und Frauen kamen zu der Überzeugung, dass an einer Ehe nicht um jeden Preis, sondern nur dann festgehalten werden sollte, wenn Liebe und gegenseitige Erfüllung vorhanden sind.«

Wird die Erforschung der Liebe die Tendenz verstärken, Beziehungen infrage zu stellen und gegebenenfalls zu beenden? Und wenn ja, ist das wünschenswert oder eher abzulehnen? Diese Frage können wir nicht beantworten, aber der Wunsch, das Phänomen Liebe zu verstehen, ist sowohl in der Wissenschaft wie auch in der Bevölkerung so stark, dass die Erforschung mit Sicherheit fortgesetzt wird, ohne Rücksicht auf mögliche negative Folgen.

Die Definition von »Liebe«

Eine der Hauptschwierigkeiten bei der Definition von Liebe liegt darin, dass wir diesen Begriff für alles Mögliche verwenden und mit ihm viele verschiedene Erfahrungen/Erlebnisse und Gefühle beschreiben. In der Forschung wird immer noch viel Zeit und Mühe auf eine eindeutige und griffige Definition und auf die Unterscheidung zwischen verschiedenen Formen von Liebe verwandt. In seinen frühen Arbeiten versuchte Rubin herauszufinden, was genau Menschen meinten, wenn sie sagten, sie »liebten« jemanden.[3] Aus den Antworten der dazu befragten Ehepaare schloss er, dass »lieben« und »mögen« zwei verschiedene Arten von Reaktionen mit durchaus unterschiedlichen Handlungsmustern darstellen. Sie können sich zum Teil decken, müssen es aber nicht. Er entwickelte eine Skala, auf der sich die Unterschiede widerspiegelten, die die Menschen zwischen den Gefühlen für Freunde oder Bekannte und denen für ihre jeweiligen Partner machten (Tab. 1). Es bestätigte, was viele von uns aus Erfahrung wissen. Man kann andere Personen sehr schätzen, sie wirklich mögen und ihre Anwesenheit genießen, ohne sie zu lieben. Nach Prof. Rubin gehören zur Liebe drei wesentliche Merkmale: Verbundenheit, Sorge und Intimität. Mit Verbundenheit meint er, dass man mit der anderen Person so viel wie möglich zusammen sein möchte und sich gegenseitig emotional unterstützt. Mit Sorge, dass ihr Wohlergehen uns genauso wichtig ist wie das eigene oder sogar wichtiger. Intimität bedeutet ein starkes Band zwischen zwei Menschen sowie den Austausch von Gedanken und Gefühlen, wie er mit anderen nicht möglich ist.

Tab. 1 Beispiele aus Rubins Skalen (Rubin 1970)

Mögen

Wertschätzung des anderen
John/Mary kommt hervorragend mit allem zurecht.
Es scheint, John/Mary erhält viel Anerkennung.

Respekt und Vertrauen
Ich habe großes Vertrauen in Johns/Marys Urteilsvermögen.
In einer Wahl würde ich für John/Mary stimmen.

Gefühl der Ähnlichkeit
Ich denke, John/Mary und ich sind uns sehr ähnlich.
Wenn ich mit John/Mary zusammen bin, sind wir oft in derselben Stimmung.

Liebe

Verbundenheit
Wenn ich nie mehr mit John/Mary zusammen sein könnte, würde es mir wirklich schlecht gehen.
Es wäre schlimm für mich, wenn ich ohne John/Mary auskommen müsste.

Sorge
Wenn es John/Mary nicht gut geht, würde ich mich sofort darum bemühen, sie/ihn aufzuheitern.
Ich würde fast alles für John/Mary tun.

Intimität
Ich glaube, ich kann mit John/Mary über praktisch alles reden.
Wenn ich mit John/Mary zusammen bin, schaue ich sie/ihn lange einfach nur an.

Paare mit hoher Punktzahl auf dieser »Liebesskala« zeigten ihre Gefühle durch Körpersprache, z.B. indem sie sich lange in die Augen sahen, viel länger als Paare mit niedriger Punktzahl oder Paare, die sich als Freunde bezeichneten. Sie saßen oder standen meist auch enger beieinander und hielten andere davon ab, ihre Intimität zu stören, indem sie sich einander zuwandten und »Barrieren« mit Schultern und Armen nach außen errichteten. Die meisten Menschen verstehen diese Signale auf Anhieb. Selbst wenn sie sich dessen nicht bewusst sind, reagieren sie auf den unausgesprochenen Wunsch und lassen das Paar in Ruhe.

Diese Bezogenheit aufeinander bringt uns zu anderen Aspekten der Liebe, genauer gesagt, der Verliebtheit, die hier nicht eigenständig berücksichtigt wurde. Der Anfang einer romantischen Beziehung lässt die Beteiligten oft das Gefühl haben, in einer schwindelerregenden und unkontrollierbaren emotionalen Achterbahn zu sitzen. Himmelhoch jauchzend in einem Moment und zu Tode betrübt im nächsten. Das ist oft gleichermaßen beglückend wie schmerzhaft. Noel Coward bezeichnete diesen Zustand einmal als Grippe des Herzens und viele, die es je erfahren haben, werden ihm darin beipflichten, dass man sich manchmal regelrecht krank fühlt. Oft genug veranlasst es die Betroffenen, sich in einer Art und Weise zu verhalten, die sie normalerweise für riskant und unvernünftig halten. In einer Studie an der University of East Carolina gab mehr als die Hälfte der befragten Studierenden gefährliche Verhaltensweisen »im Namen der Liebe« zu.[4] Ungeschützter Verkehr, Aufgabe von Persönlichkeitsmerkmalen, Hintergehen der Eltern, Auto fahren unter Alkoholeinfluss oder bei schlechtem Wetter. Bei einigen wenigen kommt es sogar zu extremen Verhaltensänderungen, so als seien sie bereit, alles aufs Spiel zu setzen: Karriere, Familie, die eigene Identität.[5]

Hinsichtlich der Frage an Prinz Charles ist die Studie von Helmut Lamm und Ulrich Weißmann überaus aufschlussreich.[6] Sie ließen Studenten und Studentinnen aufschreiben, woher sie wüssten, ob sie jemanden mögen, lieben oder verliebt sind. Dem Ergebnis nach ist das wesentliche Kennzeichen des Mögens der Wunsch, mit der Person zusammen zu sein, das der Liebe das Vertrauen in die Person und das der Verliebtheit der Sturm der Gefühle. Es sind also die Schmetterlinge im Bauch, die die Verliebtheit ausmachen und die Gefühle von lieben und mögen trennen.

Die Psychologinnen Ellen Berscheid und Elaine Walster prägten den Begriff der »leidenschaftlichen Liebe«, um diesen schwankenden emotionalen Zustand von einem stabileren und gesetzteren Gefühl zu unterscheiden, den sie als »kameradschaftliche Liebe« bezeichnen.[7] Abgesehen von der Intensität kennzeichnet die Verliebtheit eine verwirrende Mischung von positiven und negativen Aspekten. Euphorie, Aufregung, Erregung, Glück und sexuelle Erfüllung werden überschattet von Unruhe, Eifersucht, Unsicherheit, Schmerz und Enttäuschung. Diese Art von Liebe wirkt sich auf die gesamte Existenz eines Menschen aus – zumindest eine Zeit lang – und lässt wenig Raum oder Interesse für andere Aspekte des täglichen Lebens. Es hat deshalb auch sein Gutes, dass diese Form der Liebe nicht ewig anhält. Entweder verschwindet sie wieder oder verändert sich zu einer zwar weniger intensiven dafür aber dauerhafteren Empfindung.

Dorothy Tennov beschreibt eine Form von Liebe, die sie »Limerence« nennt und die insofern der leidenschaftlichen Liebe ähnelt, als dass sie ebenfalls wie ein Blitz aus heiterem Himmel zu kommen scheint und ebenfalls die ganze Person vereinnahmt.[8] Häufig ist diese Form der Liebe unkontrollierbar – und oft auch sehr unglücklich. Sie weist viele der Eigenschaften auf, die Lee für die manische Liebe beschreibt, d.h. sie zielt auf eine Person, die diese Liebe niemals in der gewünschten Weise erwidern wird und daher zwangsläufig unglücklich enden muss. Nach Tennov betrifft dies häufiger Frauen als Männer.

Anders als die leidenschaftliche Liebe gewinnt die kameradschaftliche mit der Zeit an Beständigkeit, was sie an Intensität verliert. Sie füllt nicht das ganze Dasein aus, es gibt Raum für andere Menschen und andere Aktivitäten. Sex spielt keine dominante, aber möglicherweise doch eine wichtige Rolle. Andere Aspekte hingegen sind genauso relevant oder treten gar in den Vordergrund. Ein liebevolles Verhältnis, wirkliches Verständnis und absolutes Vertrauen sind das Fundament dieser Form von Liebe. Vielleicht ist sie weniger aufregend, dafür aber stabiler und ihre Überlebenschance »in guten wie in schlechten Tagen« größer.

Die rosarote Brille und was sie bewirkt

Einer der Gründe, warum die leidenschaftliche Liebe nicht von Dauer ist, liegt vermutlich in der verzerrten Wahrnehmung des »Liebesobjektes«, d.h. wir verlieben uns in eine Vorstellung von der anderen Person, so wie wir sie gerne hätten und nicht wie sie wirklich ist. Diese Illusion kann bei näherem Kennenlernen nicht bestehen bleiben. Schließlich werden Aspekte zu Tage treten, die sich mit unserer Wunschvorstellung nicht vertragen. Der amerikanische Psychologe Malcolm Brenner führte dazu ein einfaches Experiment durch. Er bat junge Paare, ein paar Handlungen zu beobachten, die einmal vom Partner bzw. von der Partnerin und einmal von ihnen fremden Menschen ausgeführt wurden. Es zeigte sich, dass sie die Handlungen der fremden Personen objektiver im Gedächtnis speicherten als die Handlungen des jeweiligen Partners bzw. der Partnerin. Je verliebter die befragte Person war, desto ausgeprägter war die Verzerrung.[9]

Viele Psychologen unterscheiden zwischen leidenschaftlicher Liebe und Vernarrtheit. Sich in jemanden zu verlieben, der von der eigenen Existenz entweder nichts weiß oder die Gefühle nicht erwidert, wird zwar in vielen Liedern besungen, hat aber mit der gemeinsamen Erfahrung einer leidenschaftlichen Liebe nichts zu tun, egal wie kurzlebig diese am Ende auch sein mag. Der Psychotherapeut Nathaniel Brandon formuliert es folgendermaßen:

> Vernarrtheit unterscheidet sich von Liebe insofern, als sie sich nicht auf den ganzen Menschen richtet, sondern sich meist nur auf ein oder zwei Eigenschaften konzentriert, diese aber mit der ganzen Person gleichsetzt. Ich sehe z.B. ein hübsches Gesicht und vermute dahinter eine schöne Seele, oder ich erlebe, dass mich eine Person freundlich behandelt, und vermute dahinter eine starke Affinität für mich. Ich entdecke große Gemeinsamkeiten in einem Bereich und vermute dahinter große Gemeinsamkeiten in allen Bereichen.[10]

Die Farben der Liebe

Einigen Psychologen genügte die lediglich duale Kategorisierung in leidenschaftliche und kameradschaftliche Liebe nicht, und sie bemühten sich um eine genauere Differenzierung. Der kanadische Soziologe John Lee z.B. unterscheidet sechs verschiedene Arten von Liebe, wobei einige gleichzeitig vorhanden sein können.[11] Lee beschreibt sie mithilfe von Farben. Er betont, dass es *die* eine Farbe nicht gibt, jeder hat seine Lieblingsfarbe. Genauso zieht man vielleicht eine Form von Liebe einer anderen vor, und selbst diese Vorliebe kann sich im Laufe der Zeit ändern. Er ordnet seinen Kategorien Primär- und Sekundärfarben zu, wobei unterschiedliche Kombinationen der drei Primärfarben eine Vielzahl von Sekundärfarben bzw. Liebesformen erzeugt. Lees Primärfarben entsprechen in etwa rot, gelb und blau und stehen für Eros, Ludus und Storge.

Eros (nach dem Gott der Liebe) wird hauptsächlich durch das äußere Erscheinungsbild des anderen geweckt. Diese Liebenden wissen genau, auf welchen Typ sie stehen, und steuern ohne zu zögern auf die entsprechende Person zu. Sie möchten alles über sie wissen und suchen eine intensive erotische Beziehung. Den oder die »Richtige« zu finden ist ihnen sehr wichtig, und obwohl sie eine monogame Beziehung anstreben, sind sie weder besonders eifersüchtig noch besitzergreifend.

Ludus (nach dem lateinischen Wort für Spiel) bezeichnet eine Form der Liebe, bei der diese hauptsächlich als Spaß und Spiel und weniger als ernsthafte Angelegenheit betrachtet wird. Diese Menschen suchen nicht unbedingt nach einer festen Bindung und sind vielen verschiedenen Personentypen gegenüber offen, manchmal auch gleichzeitig. Diese Menschen verlieben sich nur schwer und gehen bindungswilligen, eifersüchtigen und besitzergreifenden Personen lieber aus dem Weg.

Storge (altgriechisch für Zuneigung) ist eine Form der Liebe, bei der sich das Gefühl mit der Zeit allmählich verstärkt. Es lebt von gemeinsamen Erlebnissen und Interessen und tiefer Freundschaft. Feuerwerk oder Dramatik kommen hierbei ebenso wenig vor wie häufige verbale Liebesbekundungen. Die Liebe wird aber auch nicht hinterfragt oder kritisiert.

Nach Lee entsprächen die Sekundärfarben der Liebe Mania, Pragma und Agape.

Mania ist eine sehr intensive bis obsessive Liebe, die ständig durch Bestätigung und fortwährende Aufmerksamkeit genährt werden muss. Dabei schätzen die manisch Liebenden den anderen vielleicht nicht einmal besonders. Solche Menschen suchen sich mit Vorliebe die »Falschen«, weil sie sie nicht sehen, wie sie wirklich sind. Sie verzehren sich nach der Liebe des anderen, leiden stark unter Eifersucht und führen häufig schwierige und unglückliche Beziehungen.

Pragma ist, wie Sie schon richtig vermuten, die pragmatisch orientierte Liebe. Pragmatisch Liebende suchen nach einem Partner, der hinsichtlich Interessen, Lebensstil und -ziel möglichst kompatibel ist. Diese Liebe ist frei von unkontrollierbarer Leidenschaft und Hormonwallungen. Diese Menschen gehen bedächtig zu Werke und überprüfen, ob der- oder diejenige dem Muster entspricht, das sie sich zuvor überlegt haben, bevor sie eine Bindung erwägen. Sie gehen in Gruppen Gleichgesinnter auf Suche, wie beispielsweise Vereinen, oder suchen über das Internet oder andere Medien, die ihnen erlauben, sich im Vorfeld über den anderen zu informieren.

Agape (kommt aus dem Griechischen und bedeutet geschwisterliche Liebe) ist nach Lee am seltensten, zumindest in menschlichen Beziehungen. Er definiert sie als eine selbstlose und gebende Liebe ohne tiefgehende Emotionen oder sexuelles Verlangen. Es ist die Art von Liebe, wie sie der gute Samariter in der biblischen Parabel vorführt. Menschen mit einem solchen Partner müssen seine Zeit und seine Gefühle häufig mit vielen anderen teilen.

Obwohl mittlerweile eine ganze Reihe von Fragebogen und Tests entwickelt wurden, um herauszufinden, welche

Form von Liebe eine Person bevorzugt, erwies sich keiner davon als besonders geeignet. Lee selbst empfahl, frühere Beziehungen zu analysieren. Darüber hinaus entdeckte er verschiedene Mischformen wie Storge/Eros, Ludus/Eros oder Storge/Ludus.

Die folgende Zeichnung (s. Abb. 1) zeigt, wie die einzelnen Kategorien miteinander verknüpft sind und wie sie sich in einer Beziehung mischen können. Je ähnlicher die bevorzugte Form oder Mischung eines Paares dabei ist, desto Erfolg versprechender ist ihre Partnerschaft. Lee nennt das das Gesetz der Nähe. Das gilt für Liebesformen, die entweder unmittelbar nebeneinander oder an den gegenüberliegenden Endpunkten der Dreiecke liegen. Formen, die sich dagegen einander direkt gegenüber befinden, sind die ungünstigsten Kombinationen.

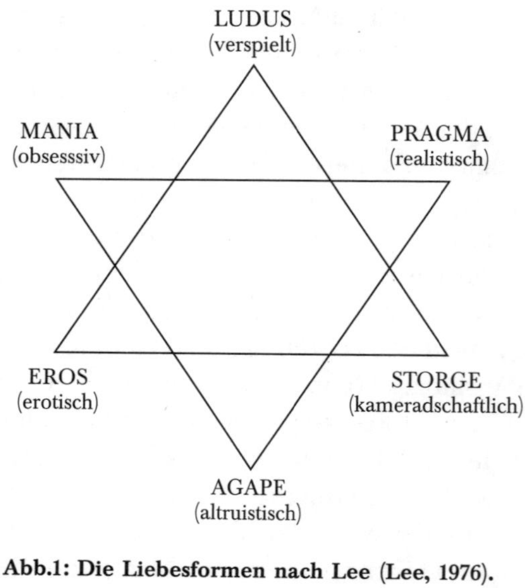

Abb.1: Die Liebesformen nach Lee (Lee, 1976).

Lees Analyse bildete zwar die Grundlage für viele nachfolgende Untersuchungen, wird aber nicht von allen akzeptiert. Manche sind der Meinung, dass das, was Lee mit Ludus bezeichnet, nichts mit Liebe zu tun hat, sondern vielmehr mit Flirten. Anstelle von Storge würden sie den Begriff der Freundschaft vorziehen, und Mania ist für sie eher eine Neurose. Wir kommen auf diese Kategorien noch einmal im 5. Kapitel zurück.

Männliche und weibliche Liebe

Es ist vielfach untersucht worden, ob sich die Vorstellungen von Liebe bei Mann und Frau decken. Folgen wir Lees Typologie, gibt es Hinweise darauf, dass Männer eher zu Eros und Ludus tendieren, Frauen dagegen zu Storge, Pragma und Agape. Zu diesem Ergebnis kam unter anderem eine Studie von Terry Hatkoff und Thomas Lasswell, die ähnliche Fragebogen wie Lee verwendeten und Antworten von 544 Studierenden sowie Freiwilligen aus dem Süden und Westen der USA auswerteten.[12] Danach legen Frauen vielleicht deshalb praktische Maßstäbe in Liebesdingen an, weil sie häufiger von ihren Partnern wirtschaftlich abhängig sind. Diese Abhängigkeit wurde auch als Erklärung dafür herangezogen, dass Frauen laut der Fragebögen eifersüchtiger und besitzergreifender sind und damit eher zur manischen Liebe zu tendieren scheinen. Die Neigung der Männer zu Ludus und Eros korrespondiert mit ihrem stärkeren Sexualtrieb, mit der großen Bedeutung, die sie Äußerlichkeiten beimessen, und ihrer Vorliebe für Gelegenheitssex. Der Unterschied ist altersunabhängig und offenbar genetisch bedingt (siehe Kapitel 6).

Die Annahme, dass Frauen die Angelegenheit verstandesmäßiger behandeln, wird auch durch andere Ergebnisse bestätigt. Frauen sind weniger von Äußerlichkeiten abhängig (siehe Kapitel 2), und bei der Überwindung sozialer Schranken heiraten sie selten »nach unten«.[13] Der amerikanische Soziologe William Kephart ermittelte, dass doppelt so viele Männer wie Frauen von sich sagen, vom anderen Geschlecht stark angezogen zu sein.[14] Bei 1 000 befragten Personen lag das Durchschnittsalter der ersten Verknalltheit bei 13 Jahren, wobei die Jungen den Mädchen etwa sechs Monate hinterher waren. Bis zum Alter von 20 hatten sich die Mädchen häufiger verliebt als die Jungen. Ab da berichteten die Männer von mehr Liebesbeziehungen als die Frauen. Diese scheinen in dem Alter Beziehungen zunehmend rationaler zu betrachten und kritisch zu prüfen, ob die Männer auch langfristig als gute Partner in Frage kommen, während diese sich um die Zukunft einer Beziehung wenig Gedanken machen.

In einer aktuelleren Studie über das Liebesleben der Heranwachsenden in den Vereinigten Staaten fanden Montgomery und Sorell heraus, dass sich Jungen schneller und häufiger verlieben als Mädchen.[15] Insgesamt gab mehr als die Hälfte an, in diejenigen »verliebt« zu sein, mit denen sie sich trafen, wobei dieser Begriff mit zunehmendem Alter immer seltener zur Charakterisierung einer Beziehung verwendet wird. Doppelt so viele Männer (61 Prozent) gaben an, sich auch in Frauen, die älter waren als sie, verliebt zu haben, als Frauen in jüngere Männer (30 Prozent). Manche dieser Frauen zeigten Defizite bei einem Persönlichkeitstest und relativ schlechte Studienleistungen, nicht aber diese Männer. Das soll keinesfalls bedeuten, dass es für eine Frau nicht normal ist, sich in einen jüngeren Mann zu verlieben, aber gelegentlich zeigt sich damit ein Hinweis auf psychologische Schwierigkeiten.

Ein Unterschied zwischen den Geschlechtern zeigt sich auch in der Beantwortung der Frage: »Hätte ein Mann/eine Frau alle Eigenschaften, die du dir wünschst, würdest du ihn/sie auch dann heiraten, wenn du ihn/sie nicht liebst?« Mehr als zwei Drittel der Männer antworteten mit »nein«, aber weniger als ein Drittel der Frauen. Frauen legen nicht nur weniger Wert auf Äußerlichkeiten, auch den Grad des Verliebtseins bei der Wahl des Ehepartners halten sie für weniger entscheidend.

Gibt es eine Liebesformel?

Der amerikanische Psychologe Donn Byrne hat eine Formel entwickelt und behauptet, dass sich damit feststellen ließe, ob jemand wirklich verliebt sei (Abb. 2). Auf der Grundlage der Forschung der letzten 20 Jahre kam er zu dem Ergebnis, dass die Liebe fünf wesentliche Komponenten aufweist:

1. sexuelle Anziehung,
2. Aufruhr der Gefühle,
3. der Wunsch nach Intimität,
4. das Bedürfnis nach Übereinstimmung und Erwiderung der Gefühle,
5. ständige Verlustangst.[16]

Wie ausgeprägt die jeweilige Komponente dabei ist, hängt von der Persönlichkeit ab und ist individuell verschieden. Nach Byrnes ist die körperliche Anziehungskraft das Wichtigste, aber allein noch nicht ausreichend. Verlustangst ist dagegen der am wenigsten ausschlaggebende Faktor, aber im-

Die Liebesformel

Liebe	=	(1,7 x **A**) + (1,5 x **B**) + (1,5 x **C**) + (1,5 x **D**) + (1,3 x **E**)
A	=	sexuelle Anziehungskraft eines Freundes/einer Freundin
B	=	emotionaler Aufruhr in Anwesenheit eines Freundes/einer Freundin
C	=	Wunsch nach Intimität mit einem Freund/einer Freundin
D	=	Bedürfnis nach Gegenliebe bei einem Freund/einer Freundin
E	=	Verlustangst bei dieser Person

Berechnung:

Zunächst einmal müssen die Komponenten für den Freund/die Freundin festgesetzt werden, um einen Vergleichswert zu erhalten.

1. Geben Sie die Intensität Ihrer Gefühle für einen Freund/eine Freundin auf einer Skala von 1 bis 10 an. Wird er/sie in Abwesenheit nicht vermisst, so gäbe das 5 Punkte. Das Ergebnis entspricht A.
2. Wie wichtig ist Ihnen der Austausch mit ihm/ihr? 5 Punkte bedeuten, Sie unterhalten sich gerne mit ihm/ihr, haben aber kein Bedürfnis danach. Das Ergebnis entspricht B.
3. Wie ausgeprägt ist Ihr Wunsch, dem/der anderen körperlich nahe zu sein? 5 Punkte bedeuten, dass man sich lediglich umarmt, z.B. zur Begrüßung oder zum Trost. Das Ergebnis entspricht C:
4. Wie wichtig ist es Ihnen, dass der/die andere gerne mit Ihnen zusammen ist? Ein Punkt bedeutet, dass es Ihnen egal ist. Das Ergebnis entspricht D.
5. Wie sehr würde Sie ein Ende der Freundschaft erschüttern? 5 Punkte entsprächen dem Ende einer Freundschaft mit z.B. jemandem, der Sie nie zu Hause besucht hat. Das Ergebnis entspricht E.
6. Setzen Sie die Werte in obige Formel ein und errechnen Sie damit F.
7. Wiederholen Sie nun die Berechnung für den Partner/die Partnerin. Sie erhalten L.

Ist der Wert für F größer als für L, sind Sie nicht verliebt.

Abb. 2: Byrnes Liebesformel (The Sunday Times vom 25. April 1999).

mer irgendwie vorhanden. Gewichtet man nun die einzelnen Komponenten, einmal in Bezug zu einem Freund und dann im Vergleich zum Partner, zeigt sich, ob man wirklich in den Partner verliebt ist. Muss man sich jedoch solcher Hilfsmittel bedienen, um das herauszufinden, ahnt man wohl schon, dass dem nicht so ist!

Liebe und Ehe

Zwar wurde auch versucht, die verschiedenen Auffassungen von Liebe zu unterschiedlichen Zeiten und in unterschiedlichen Kulturen zu ermitteln, doch meist werden junge weibliche und männliche US-Amerikaner, oft die eigenen Studenten, für derartige Studien ausgewählt. (Dabei ist wichtig anzumerken, dass sie überwiegend heterosexuell und weiß sind.) Brauchbare Definitionen von Liebe, vor allem bei der Untersuchung langjähriger Partner- und Elternschaft, sind aber durchaus zeit- und ortsabhängig.

Die meisten Menschen in den heutigen Industriegesellschaften gehen ganz selbstverständlich von der so genannten romantischen Liebe als Grund für Ehe oder Partnerschaft aus, auch wenn allgemein akzeptiert ist, dass die Verliebtheit irgendwann ein Ende hat. Aber Ehen wurden nicht immer und überall auf dieser Grundlage geschlossen und werden es in manchen Kulturen auch heute noch nicht. Bis zum Ende des 19. Jahrhunderts war es in der Mittel- und Oberschicht der westlichen Gesellschaften (allerdings auch die einzigen Gruppierungen, für die ausreichend Belege existieren, um sich ein Urteil bilden zu können) üblich, Ehen aus gesellschaftlichen Erwägungen einzugehen, um Familien mit gleichem oder ähnlichem Status zu verbinden und dadurch Besitz zu wahren oder wirtschaftliche Beziehungen zu stärken. Selbst in den Romanen von Jane Austen, in denen die Liebe ein zentrales Thema ist, wird einer Verbindung zweier Menschen aus verschiedenen sozialen Schichten keinerlei Erfolgschancen eingeräumt. Deswegen wird Anne Elliot, der Heldin des Romans *Die Liebe der Anne Elliot oder Überredungskunst*, die Heirat mit Captain Wentworth ausgeredet, denn in jener Zeit scheint er der Tochter eines Barons nicht würdig. Und auch Mr. Darcy aus *Stolz und Vorurteil* muss lange gegen den Familienstolz kämpfen, bevor er sich herablässt, Elisabeth Bennet zu heiraten (deren nahe Verwandte »in Handel und Wirtschaft« tätig sind). Eine Nebenhandlung wirft dabei ein interessantes Licht auf die Tendenz der Frauen, bei der Partnerwahl weniger romantisch zu sein als die Männer. Elisabeth selbst missbilligt die Heirat ihrer Freundin Charlotte Luca mit einem Mann, den diese unmöglich lieben könne, wenn das gleichzeitig Verzicht auf ein »angemessenes« Heim bedeute!

Auch einige Psychologen, darunter Donn Byrne, bestätigen, dass die romantische Liebe zwar keine Erfindung der Moderne ist, aber durchaus nicht immer ausschlaggebend für eine Ehe war. Seit jeher beschäftigt sich die westliche Literatur eingehend mit dem Thema Liebe. Angefangen von dem Römer Catull über Dante bis zu Shakespeare wurde dabei allerdings häufiger über verbotene und unglückliche Beziehungen ohne eine Heirat am Ende geschrieben. In diesen Werken wirkt die leidenschaftliche oder romantische Liebe entweder zerstörerisch auf ihr Umfeld, oder sie wird unter der Bedingung geduldet, dass sie vorhandene Ehen nicht zerbricht. Gemeinhin wird sie aber von der Kirche und anderen Autoritäten missbilligt.

Eine der frühesten Formen der romantischen Liebe findet sich im Frankreich des 12. Jahrhunderts bei den Rittern. John Lee beschreibt dieses neue Konzept in einer aktualisierten Fassung seiner Liebesformen. In diesen Kreisen gewann die Attraktivität der Person bei der Partnerwahl nun Vorrang gegenüber gesellschaftlichen Erwägungen. Hieraus entstand seiner Meinung nach die Vorstellung, dass Liebe die Voraussetzung für eine Heirat sein sollte.[17]

Arrangierte Ehen sind weltweit rückläufig, sogar in Kulturen, wo sie über sehr lange Zeit allgemein üblich waren. Zwar widerspricht es unserer heutigen Vorstellung von Liebe, aber oftmals entwickelten die beiden Menschen, die sich bei der Hochzeit zum ersten Mal in ihrem Leben sahen, im Laufe der Zeit eine tiefe Zuneigung zueinander und führten durchaus glückliche Ehen.[18] Steve Derne bemerkt dazu, dass in Gesellschaften, die in Großfamilien organisiert sind, wie z.B. die hohen Kasten der Hindus in den Städten Nordindiens, die romantische Liebe sogar als potenzielle Gefahr gesehen wird, weil sie eben auch zerstörerisch wirken kann. Liebe ist daher unerwünscht, besitzt aber gleichzeitig eine große Faszination.[19] Andere Wissenschaftler sind der Meinung, dass die romantische Liebe als Grundlage für eine Ehe oder eine langjährige Partnerschaft nur in solchen Gesellschaften toleriert wird, in denen Männer und Frauen relativ gleichberechtigt sind und gleichermaßen die Möglichkeit haben, den Partner zu wählen. Dort, wo lediglich die Frauen für vor- oder außerehelichen Sex bestraft werden, nicht aber die Männer, gilt Liebe meist nicht als akzeptable Grundlage für eine Ehe.

In den westlichen Kulturen bekam die Vorstellung von Liebe als Voraussetzung für eine Ehe vor allem im 19. Jahrhundert Auftrieb, doch erst mit den »bewegten Bildern« setzte sie sich endgültig durch. Von Anfang an setzte Hollywood auf Liebe und all die damit verbundenen dramatischen Verwicklungen als eines ihrer Hauptthemen, und fast immer überwindet die Liebe alle wie auch immer gearteten Hindernisse. Seit Ende der 80er-Jahre gibt es im Kino einen Trend hin zu höchst verwickelten und ironischen Liebeskomödien, wie beispielsweise »Harry und Sally« (1989), »Schlaflos in Seattle« (1993) oder »Vier Hochzeiten und ein Todesfall« (1994). Doch auch in diesen Filmen triumphiert am Ende die Liebe und die beiden »kriegen sich.« Der Zusammenprall verschiedener Kulturen und ihrer Auffassungen für die richtige Grundlage einer Ehe wird in dem Film »East is East – Das Grauen vor dem Trauen« (1999) thematisiert. Dort weigern sich die in Großbritannien geborenen Söhne pakistanischer Einwanderer, die für sie ausgewählten Frauen zu heiraten. Obwohl der Film einen Einblick in die Beweggründe des Vaters gibt und in den unvermeidlichen Konflikt, der entsteht, wenn Kinder von Einwanderern in einem anderen kulturellen Umfeld aufwachsen als die Eltern, geht er doch stillschweigend davon aus, dass der Vater im Unrecht ist.

Obwohl große Uneinigkeit darüber besteht, was Liebe eigentlich ist und was alles dazugehört, ist sich die Wissenschaft doch darin einig, dass sie eine große Rolle in den zwischenmenschlichen Beziehungen spielt. Neue demografische Untersuchungen haben auf die wachsende Anzahl von Singles in den westlichen Kulturen hingewiesen. Ob man das für beklagens- oder beneidenswert hält oder darin einfach nur ein bedauerliches Symptom für den allgemeinen Zusammenbruch der zwischenmenschlichen Beziehungen sieht, hängt vom jeweiligen Standpunkt ab. Tatsache ist aber, dass immer mehr Menschen – sei es zeitweise oder auch ganz – ohne einen liebenden Partner in ihrem Leben auskommen (müssen).

2
SCHÖNHEIT UND SEXAPPEAL

Sie trug einen kurzen Rock und einen engen Pullover.
Ihr Körper setzte sich aus Kurven zusammen,
die selbst bei einem Mönch einen Herzstillstand
hätten bewirken können.

Woody Allen[1]

Jede Beziehung muss irgendwie anfangen, doch kommt lange nicht jeder Vertreter des anderen Geschlechts als potenzieller Partner in Frage. Wir fühlen uns vielmehr zu bestimmten Menschen stark hingezogen und zu anderen überhaupt nicht.

Wenn wir analysieren wollen, was jemanden für uns attraktiv macht, liegt es nahe, mit dem Aussehen zu beginnen, denn natürlicherweise ist es das Erste, was wir wahrnehmen. Häufig tauschen wir uns mit einem Freund oder einer Freundin darüber aus und stellen dann fest, wie unterschiedlich unser Geschmack ist. Dabei kann es sich um Filmgrößen, Musikstars etc. handeln oder um Personen aus unserem direkten Umfeld. Bei der Zusammenstellung von Musikgruppen wie den Spice Girls oder den Steps wird häufig darauf geachtet, unterschiedliche Personen hinsichtlich Aussehen und Persönlichkeit zusammenzubringen, um möglichst viele Menschen anzusprechen. Man wird beispielsweise »eine Nette«, »eine Erotische« und »eine Lustige« usw. auswählen. Trotz aller Unterschiedlichkeit im Geschmack gibt es aber auch einen gemeinsamen Nenner, der dann z.B. die Attraktivität von Männern wie George Clooney oder Leonardo DiCaprio für heterosexuelle Frauen oder von Frauen wie Julia Roberts oder Meg Ryan für heterosexuelle Männer erklärt.

Die Rolle des Aussehens

Die Art und Weise, wie wir auf das Image von Menschen reagieren, die wir meist nur vom Bildschirm her kennen, verrät uns etwas über die Kriterien von Schönheit. Es ist oft belegt worden, dass als gut aussehend geltende Menschen in vielen Lebensbereichen erfolgreich sind.[2] Natürlich heißt das nicht, dass das alles ist, worauf es ankommt. So geschieht es ja nicht selten, dass eine Person, die wir beim ersten Kontakt als sehr attraktiv empfinden, bei weiteren Treffen eine Reihe von höchst unangenehmen Eigenschaften offenbart, die die äußerliche Anziehung völlig in den Hintergrund treten lassen. Und natürlich gibt es auch den Fall, dass jemand allgemein als gut aussehend gilt, aber in uns nicht das Geringste auslöst. Zum Sexappeal gehört also mehr als äußerliche Attraktivität. Den meisten von uns fällt auf Anhieb mindestens eine Person in unserem Freundes- oder Bekanntenkreis ein, die nach allgemeinen Maßstäben nicht besonders attraktiv ist, aber dennoch nie unter einem Mangel an Kontakten zu leiden hat. Der frühere amerikanische Außenminister Henry Kissinger, den auch seine engsten Freunde nicht gerade als gut aussehend bezeichnen würden, sagte dazu einmal: »Macht ist das beste Aphrodisiakum.« Doch trotz dieser Einschränkungen, das Aussehen spielt eine Rolle.

Die Macht des schönen Äußeren, uns glauben zu machen, es gebe auch ein schönes Inneres, beruht zum Teil darauf, dass wir zunächst ja gar nichts anderes als Anhaltspunkt haben. Der erste Eindruck, nur wenige Sekunden nachdem wir jemanden gesehen haben, entscheidet darüber, ob wir jemanden für attraktiv halten. Aus Faulheit und Bequemlichkeit halten wir zunächst einmal an diesem Eindruck fest, auch wenn wir bei näherer Bekanntschaft einige unschöne Seiten an der Person entdecken. Dieses Verhalten hat jedoch einen Schneeballeffekt. Indem wir vorsichtig Signale aussenden, dass wir unser Gegenüber anziehend finden, veranlassen wir sie oder ihn meist, in einer Art und Weise zu agieren und zu reagieren, die unseren ersten Eindruck verstärkt. Das ist Teil des Erfolgs gut aussehender Menschen in vielen Lebensbereichen. Die anderen sind nett zu ihnen und respektieren sie. Folglich entwickeln sie größeres Selbstvertrauen und Selbstwertgefühl, wodurch zu dem Geschenk ihrer äußeren Attraktivität auch innere Qualitäten hinzugefügt werden.

Die Evolutionspsychologie ist der Meinung, dass unabhängig davon, was unser Bewusstsein uns sagt, unsere Gene einen großen Einfluss auf unsere Partnerwahl haben. Schließlich ist die Erhaltung der Art das zentrale Anliegen der Evolution, und so ist es nur folgerichtig, einen Partner bzw. eine Partnerin zu wählen, die bzw. der die Aufzucht von gesunden Nachkommen zu gewährleisten scheint. Und dafür ist wohl das Äußere ein erster wichtiger Hinweis.

Weibliche Attribute

In den meisten Gesellschaften gelten Frauen als attraktiv, die jung wirken, denn das wird gemeinhin mit Fruchtbarkeit assoziiert, und die typisch weibliche Körpermerkmale aufweisen. Die ideale Frau hat also glatte Haut, große Augen, schmale und schön geschwungene Augenbrauen, volle Lippen, kleine Nase, kleines Kinn und einen wenig ausgeprägten Kiefer. All das legt nahe, dass die weiblichen Hormone überwiegen. Die meisten dieser Attribute verändern sich mit zunehmendem Alter, so treten beispielsweise die Wangenknochen hervor, und die Lippen werden schmaler.

Auch die Persönlichkeit kann mit der Zeit den Gesichtsausdruck eines Menschen verändern und die Miene z.B. verbittert aussehen lassen. Man vermutet wohl nicht zu Unrecht, dass der entspannte Gesichtsausdruck eines Menschen bis zu einem gewissen Grad seinen Seelenzustand widerspiegelt, sei er nun zufrieden, traurig oder reizbar. Auf der anderen Seite wird eine Person, die unablässig lächelt, auf andere eher maskenhaft wirken. Mit anderen Worten, die Umwelt erkennt sehr wohl, dass dies nicht der Ausdruck der wahren Persönlichkeit ist.

Die Sache ist aber noch komplizierter. Während ein Babyface bei einem Mädchen oder einer Frau akzeptiert wird, weil das seit jeher als weiblich gilt, werden sich Jungen und junge Männer mit einem solchen Gesicht eher betont aggressiv verhalten, um »männlicher« zu wirken.[3] Unbewusst wird ein junges und kindliches Aussehen der Frau den Beschützerinstinkt des Mannes wecken und ihn möglicherweise darin bestärken, sich um die Sicherheit der Frau und der gemeinsamen Nachkommen zu kümmern und für sie zu sorgen. Dieser Beschützerinstinkt scheint fest im männlichen Gehirn verankert zu sein, und die weiblichen Gesichtszüge unterscheiden sich von den männlichen eben durch entsprechende Signale wie große Augen, weiche Haut etc.

Babyfaces

Viele Forschungsarbeiten haben bestätigt, dass ein kindliches Gesicht die Attraktivität einer Person erhöht. Für Frauen weiß man das seit langem, doch eine 1999 an der University of St. Andrews in Schottland durchgeführte Studie lässt vermuten, dass dasselbe auch für Männer gilt.[4] Zusammen mit japanischen Kollegen und Kolleginnen veränderte die Forschungsgruppe um David Perrett Form und Züge von fotografierten Gesichtern mittels Computer, sodass sie entweder männlicher oder weiblicher aussahen. Man ließ Personen in beiden Ländern die Attraktivität der Gesichter beurteilen. Dabei stellte sich heraus, dass die »verweiblichten« Gesichter als attraktiver empfunden wurden, unabhängig davon, ob es sich um Männer oder um Frauen handelte. Das widerspricht der traditionellen Auffassung, dass Frauen sehr maskulin aussehende Männer bevorzugen, weil dies auf Durchsetzungsfähigkeit und gute Qualitäten als Jäger schließen lasse. Man geht deshalb davon aus, dass die Evolution ein Gleichgewicht zwischen den unterschiedlichen wünschenswerten Eigenschaften hergestellt hat. Während ein Mann einerseits stark und siegreich im Kampf sein soll, soll er andererseits aber auch weich, altruistisch und liebevoll genug sein, um sich um Frau und Kinder gebührend zu kümmern.

Es ist aber auch denkbar, dass die Ergebnisse von Perretts Forschung den Unterschied zwischen maskuliner Attraktivität (eher »feminin«) und männlichem Sexappeal (eher »Macho« – jedenfalls nach der Auswahl der Frauen zu urteilen) aufzeigen. Die Gesichter auf den »verweiblichten« Fotos wurden häufig als jünger eingeschätzt, was teilweise vielleicht erklärt, warum junge Menschen generell als attraktiver gelten. Leonardo DiCaprio finden vor allem junge Frauen »schön«, aber auch einige ältere, bei denen er aber wohl eher »mütterliche Gefühle« weckt, denn als Sexpartner würden die weitaus meisten der Älteren Sean Connery bevorzugen.

Männer mit sehr maskuliner Ausstrahlung sind im Vorteil, wenn es um die Frage der Partnersuche und Nachkommenschaft geht. An dem Klischee, dass Frauen auf den »großen, dunkelhaarigen Recken« stehen, ist offenbar etwas dran. Eine Forschungsgruppe aus Liverpool und Polen analysierte kürzlich die Krankenakten von mehr als 3 000 Polen zwischen 20 und 60.[5] Dabei stellte sich heraus, dass die Körpergröße ein signifikantes Merkmal dafür war, ob ein Mann verheiratet war und Kinder hatte. Im Durchschnitt waren verheiratete Väter drei Zentimeter größer als kinderlose Männer und verheiratete Männer größer als unverheiratete. Die einzige Ausnahme fand sich bei Männern, die in den 30er-Jahren des 20. Jahrhunderts geboren wurden. Sie waren in den 50ern im heiratsfähigen Alter, also in einer Zeit unmittelbar nach dem Krieg, in der insgesamt nur wenig Männer zur Verfügung standen.

Hormonelle Faktoren

Männer schätzen das jugendliche Aussehen einer Frau, weil sie es zu ihrem hormonellen Status und damit zu ihrer potenziellen Fruchtbarkeit in Beziehung setzen. Ein Arzt und eine Ärztin in Deutschland schätzten das Alter einer Gruppe von Patientinnen, die zum ersten Mal zu ihnen in die Klinik kamen. Dann maßen sie den Östrogenspiegel im Blut und stellten fest, dass sie die Frauen mit hohem Östrogenspiegel jünger eingeschätzt hatten, als sie tatsächlich waren, und umgekehrt. In manchen Fällen hatten sie sich um bis zu acht Jahren verschätzt![6]

Das Verhältnis von Taille zu Hüfte

Die ideale Frau kann zwar kindliche Gesichtszüge haben, doch sollte sie auch die ausgeprägten sexuellen Attribute einer erwachsenen Frau haben. Mit der Pubertät beginnt sich die Körperform bei Jungen und Mädchen in Abhängigkeit ihrer Sexualhormone zu verändern. Die Mädchen lagern

Fett in der unteren Körperhälfte ein, während es Jungen genau an der Stelle abbauen, aber stattdessen an Bauch und Oberkörper zulegen. Eine der ersten diesbezüglichen Studien (s. Abb. 3), durchgeführt von Devendra Singh an der University of Texas in Austin, ergab, dass die Fettverteilung ein wichtiger Faktor bei der Beurteilung der weiblichen Attraktivität ist.[7] Die Forschungsgruppe um Singh ermittelte die relative Fettverteilung und definierte typische Verteilungsmuster bei dem Verhältnis zwischen Taille und Hüfte (WHR = Waist-to-Hip-Ratio). Frauen lagern ihr Fett unterhalb, Männer oberhalb der Taille ein. Bei gesunden jungen Frauen liegt das Verhältnis zwischen 0,67 und 0,8, bei Männern zwischen 0,85 und 0,95. Ein niedriger Wert gilt bei Frauen als attraktiv und als Anzeichen für Fruchtbarkeit, Jugend, einen hohen Hormonspiegel und ein geringeres Risiko für bestimmte Erkrankungen. Interessanterweise nimmt der WHR einer Frau nach der Menopause meist zu, also dann, wenn ihre Fruchtbarkeit mit abnehmender Hormonproduktion aufhört. Ihre Köperfettverteilung nähert sich dann der des Mannes. Befragte man Personen nach der Attraktivität von Frauenbildern, bei denen die WHRs manipuliert worden waren, schienen geringe WHRs, wenn sie nicht übertrieben waren, attraktiv. Dabei spielte es keine Rolle, ob die Frau insgesamt eher unter-, normal- oder übergewichtig war. Solange der WHR niedrig war, wurde sie als attraktiv empfunden.

Singh verwendete in ihrer Studie Zeichnungen, der Psychologe Ronald Henss dagegen jeweils drei digital veränderte Fotos von sechs Frauen, wobei sich die Fotos nur im WHR unterschieden[8]. Bei dieser Studie wurde auch protokolliert, welcher Aspekt jeweils zu beurteilen war. Dieser Ansatz offenbarte, dass ein niedriger WHR bei vielen ein wichtiger

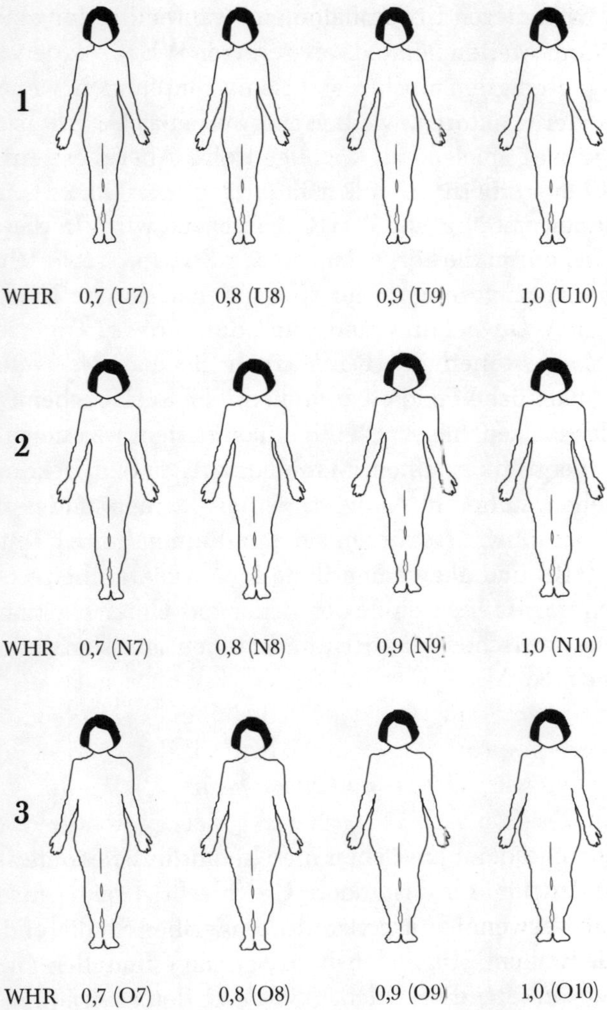

Abb. 3: Schematische Frauenfiguren, die drei Gewichtsklassen (von oben nach unten) und vier verschiedene WHRs (von links nach rechts) darstellen (*Singh*, 1993).

Attraktivitätsfaktor ist. Trotzdem sollten wir diesen Aspekt nicht überbewerten, ein extrem geringer WHR würde wohl von den wenigsten noch als attraktiv empfunden werden. Auch andere Faktoren, wie beispielsweise das Gesicht (siehe weiter vorne), spielen eine wichtige Rolle. Aber diese Arbeiten machen immerhin deutlich, dass die Gebärfähigkeit einer Frau unbewusst über ihr WHR abgeschätzt wird. In diesem Lichte bekommt die Sorge der meisten Frauen, »Habe ich einen dicken Hintern in dieser Hose oder in diesem Rock?«, eine andere Gewichtung und sollte durch die Frage ersetzt werden: »Sieht mein WHR hierin sehr hoch aus?«

Das männliche Pendant zum niedrigen WHR scheint ein schmales Becken zu sein. Befragt man Frauen, was sie außer der Körpergröße an einem Mann attraktiv finden, bekommt man sehr häufig zur Antwort, »einen kleinen und festen Po.«[9] Vermutlich assoziieren sie damit einen hohen Testosteronspiegel und allgemeine Fitness. Von hinten betrachtet, sind schmale Hüften eines der sichersten Unterscheidungsmerkmale zwischen Männern und Frauen und signalisieren Männlichkeit.

Haar- und Augenfarbe

Die ersten Studien, mit denen man herausfinden wollte, was einen Menschen für das andere Geschlecht attraktiv macht, arbeiteten nur mit US-amerikanischen weißen Studierenden. Sie sollten allein Mitglieder ihrer eigenen ethnischen Gruppe beurteilen. Bei einer solchen Studie in den 70er-Jahren an der University of Wyoming sollte dafür die Farbe der Augen, der Haare und der Haut beurteilt werden.[10] Im Allgemeinen bestätigten sich gängige Stereotype. Männer bevorzugten hellhäutige Blondinen mit blauen Augen und Frauen dunkelhaarige Männer mit dunklen Augen, wobei sie Männer mit sehr heller Haut oder mit Sommersprossen ablehnten. Dem Forschungsteam fiel auf, wie selten Rothaarige als attraktiv empfunden wurden (nur sieben Prozent der Männer und zwei Prozent der Frauen fanden auch Rothaarige attraktiv).

Stereotype spielen mit Sicherheit eine Rolle bei der Beurteilung anderer Menschen. Jeder kennt das von sich selbst, und viele Studien bestätigen das. So heißt es in einer am Trinity College in Dublin durchgeführten Studie, dass Männer bei blonden Frauen einen geringeren IQ vermuten und rothaarige Frauen für launisch und schwierig halten.[11] Bei einer anderen Studie an der University of Northern Iowa fanden Männer rothaarige Frauen zwar unattraktiv, hielten sie aber gleichzeitig für kompetent und qualifiziert. Rothaarige Männer schneiden besonders schlecht ab. Ihr Image ist durchweg negativ. Sie wurden nicht nur als unattraktiv empfunden, sondern auch als weniger erfolgreich und männlich im Vergleich zu blonden oder dunkelhaarigen Männern.[12] Diese Studien wurden zwar in den 80er-Jahren durchgeführt, doch auch heute scheint sich an dem Bild kaum etwas geändert zu haben, und das trotz so erfolgreicher Leute wie dem Teenie-Filmstar Chris Evans oder Ex-Spice-Girl Geri Halliwell.

Symmetrie

Wie jemand es einmal amüsant formulierte: Das Wichtigste an einer Person ist, dass sich alles Einmalige in der Mitte und alles Zweimalige an den Seiten befindet. Obwohl wir uns dessen meist nicht bewusst sind, finden wir Symmetrie attraktiv. Sir Francis Galton, ein genialer Zeitgenosse Queen Victorias, war der Erste, dem dies im 19. Jahrhundert auffiel. Mittels Fotomontage fand er heraus, dass Gesichter, die die durchschnittlichen Merkmale der jeweiligen Geschlechter aufwiesen, als besonders schön galten, was auch bedeutete, dass die beiden Gesichtshälften sehr symmetrisch sein mussten.

Eine 1999 veröffentlichte kanadische Studie bestätigt, dass ein Mann als um so attraktiver gilt, je symmetrischer seine beiden Körperhälften sind.[13] Außerdem ergab die Studie, dass sich diese vorteilhafte Symmetrie häufiger bei Erstgeborenen findet. Für Martin Lalumière und sein Team am Centre for Addiction and Mental Health in Toronto liegt das möglicherweise an der feindseligen Reaktion des Immunsystems einer schwangeren Frau gegenüber einem männlichen Fötus. Rein theoretisch könnte sich diese potenziell schädliche Reaktion bei jeder weiteren Schwangerschaft mit einem Jungen verstärken. Während der erste also relativ ungeschoren davonkommt, könnte sich die Wirkung bei den später Geborenen in Form von körperlichen Asymmetrien zeigen. Weibliche Föten produzieren kein Testosteron und – so vermutet man – lösen damit auch keine Immunreaktion aus.

Andere Arbeiten haben gezeigt, dass symmetrisch gebaute Männer es nicht nur leichter haben, Frauen anzuziehen, sondern dass diese Frauen auch mit ihnen häufiger zum Orgasmus kommen. Eine an der New Mexico University unter der Leitung von Randy Thornhill durchgeführte Studie ergab, dass Orgasmen bei den Partnerinnen sehr symmetrisch gebauter Männer um 40 Prozent wahrscheinlicher waren.[14] Vielleicht liegt das einfach nur daran, dass Frauen symmetrisch gebaute Männer attraktiver und damit auch erregender finden. In einer weiteren Studie kam Thornhill zu dem Schluss, dass Schönheit und Verstand Hand in Hand gehen, zumindest bei seinen Studienobjekten. Waren die beiden Körperhälften einander sehr gleich, schnitten die Männer bei den IQ-Tests besser ab, was nach Ansicht des Professors dafür spricht, dass ihre genetische Ausstattung für eine optimale Entwicklung von Körper und Gehirn während der Embryonalphase und der ersten Lebensjahre gesorgt hat. Mit anderen Worten, Symmetrie bei Gesicht und Körper ist attraktiv, weil sie ein Hinweis auf körperliche und geistige Gesundheit ist.

Mode und Kultur

In letzter Zeit sind einige Arbeiten zur Relevanz von Mode und anderen kurzlebigen Trends bei der Beurteilung von Attraktivität durchgeführt worden. Ein Beispiel: Normalerweise schwärmen viele Frauen bei Männern für volles dunkles Haar, doch ein von Fußballern und Schauspielern ausgelöster Modetrend hin zu entweder glatt rasierten Häuptern oder solchen mit Stoppelhaarschnitt hat viele Nachahmer bei modebewussten jungen Männern gefunden, die noch weit vom Alter des natürlichen Haarverlustes entfernt sind. Vor noch nicht allzu langer Zeit waren die jungen Männer erheblich weniger willens, im Rampenlicht stehenden Personen, wie zum Beispiel den Schauspielern Yul Brynner oder Sean Connery, äußerlich nachzueifern, obwohl deren Mangel an Kopfhaar ihrem Sexappeal sicher keinen Abbruch tat. Im Gegensatz dazu gab es in den Medien immer wieder Meldungen darüber, dass andere Showgrößen wie Frank Sinatra oder Elton John ihre schüttere Haarpracht wieder auffüllen ließen, was von betuchten Männern in ähnlicher Lage durchaus nachgeahmt wurde. Lockenpracht galt in der Vergangenheit bei Männern immer als Symbol sexueller Potenz und ihr Ausfall als Zeichen für deren Nachlassen. Der Archetypus hierzu findet sich in der biblischen Gestalt des Samson, dessen Macht von Delilah gebrochen wird, indem sie sein Haar abschneidet. Aber Kahlköpfigkeit hat eine doppelte Signalwirkung, denn sie ist sowohl ein Hinweis auf Testosteron als auch auf fortschreitendes Alter. Hier ist also Spielraum für kulturell bedingte Vorlieben und Varianten.

Auch die Vorstellung von der Idealfigur bei der Frau unterliegt dem Zeitgeschmack, jedenfalls den Frauen in Fernsehen, Kino, Zeitschriften und Magazinen nach zu urteilen. Wohl die wenigsten Frauen der westlichen Gesellschaft finden die Üppigkeit einer klassischen Frauenskulptur wie der Venus von Milo oder gar der von Rubens gemalten Frauen heute noch erstrebenswert. Die meisten bemühen sich dagegen nach Kräften, den schlanken, man könnte fast sagen ungesund dürren Schauspielerinnen und Models von heute nachzueifern.

Was als schön gilt, unterliegt nicht nur dem jeweiligen Zeitgeschmack, sondern differiert auch je nach Kultur. Während die westlichen Gesellschaften derzeit ein hyperdünnes Frauenideal propagieren, galt eine derartige Magerkeit in anderen Kulturen noch nie als attraktiv. Nicht bei Frauen, aber auch nicht bei Männern. Die US-amerikanische Psychologin Nancy Etcoff ist davon überzeugt, dass die Auffassung von Schönheit auch eine Frage der Erfahrungen ist.[15] In dem Maße, in dem die westlichen Medien Schauspielstars und Models anderer ethnischer Zugehörigkeiten, z.B. aus Asien oder Afrika, akzeptieren und damit auch ihre sich unterscheidenden Merkmale wie Körpergestalt oder Haut- und Haarfarbe, in dem Maße erweitert sich auch unser Schönheitsideal. In anderen Ländern, wie z.B. Indien oder den

Westindischen Inseln, gilt die bei den Einheimischen eher seltene helle Haut als attraktiv, vermutlich wegen der Dominanz der westlichen Kultur und Medien.

Trotz dieser Schwankungen ist man sich in der psychologischen Forschung größtenteils darin einig, dass die grundlegenden evolutionsbedingten Kriterien unverändert wirken. Auch heute haben die meisten heterosexuellen Männer eine Vorliebe für sinnlich gerundete Frauen, wie sie in Magazinen wie *Penthouse* oder *Playboy* abgebildet sind, und finden die eher knochigen Models auf den Laufstegen im Allgemeinen wenig anziehend. Diese Models wurden ursprünglich deshalb so gewählt, damit sie wie bewegliche Kleiderständer wirken und ihre Körper nicht von den Modellen ablenken, die sie vorführten. Und außerdem: Mode lebt schließlich vom Wechsel, und da ist immer das gut, was sich vom bisher da Gewesenen irgendwie unterscheidet. Deshalb opponiert sie oft regelrecht gegen alle klassischen Vorstellungen von Schönheit und ignoriert den Sexappeal ihrer Träger und Trägerinnen (nach Definition und Vorgabe der Evolution).

Die biologischen Gesetze zur Erhaltung der Art entfalten ihre ganze Macht, wenn es um die Partnersuche geht, denn gesunder Nachwuchs ist das oberste Ziel der Evolution, auch wenn der moderne Mensch diese Tatsache auf bewusster Ebene inzwischen längst aus den Augen verloren hat. In weiterem Sinne erklärt sich durch die Evolution wohl auch, warum Männer und Frauen zwischenmenschliche Beziehungen unterschiedlich beurteilen. Für den Mann ist die möglichst breite Streuung seines Erbgutes und eine möglichst große Anzahl von Nachkommen das Wichtigste. Die Gelegenheiten der Frau, ihre Gene weiterzugeben, sind weniger zahlreich. Ihr biologisches Ziel muss daher sein, einen möglichst »guten Partner« zu finden, der das Überleben ihrer wenigen

Nachkommen sichert. Die Kriterien, die Frauen und Männer bei der Partnerwahl zu Grunde legen, müssen sich also zwangsläufig unterscheiden, was ebenso zwangsläufig zu Interessenskonflikten führt, die gelöst werden müssen, damit beide einen möglichst großen Anteil ihrer Bedürfnisse befriedigen können.

In der Hitze des Augenblicks

Unabhängig davon, ob Sie nun für blondes oder dunkles Haar, für mager oder sinnlich gerundet schwärmen, scheint auch Ihr emotionaler Zustand für Ihren Respons beim Treffen einer attraktiven Person von Bedeutung zu sein. Bei einem Experiment der University of Vancouver wurden Männer in zwei Gruppen geteilt und über zwei verschiedene Brücken geschickt. Die eine Brücke war völlig gewöhnlich, die andere aber war eine heftig schwankende Hängebrücke über einem Abgrund von ca. 70 Metern mit einem zudem sehr niedrigen Handlauf. Am anderen Ende erwartete sie jeweils eine sehr attraktive Frau mit einem Fragebogen, den sie die Männer auszufüllen bat. Außerdem gab sie ihnen ihre Telefonnummer, falls es noch Fragen zu dem Experiment gebe. Die Männer, die über die Hängebrücke gegangen waren, gaben nicht nur stärker sexuell getönte Antworten, sondern suchten später auch häufiger das Gespräch mit der Frau.[16]

Offensichtlich spielt angstvolle Spannung eine Rolle bei der gegenseitigen Anziehung, eine Erkenntnis, die einige britische Vergnügungsparks dazu veranlasste, spezielle Single-Nights unter dem Stichwort »Adrenalin-Flirt« anzubieten. Diese und ähnliche Studien führten zu einer Theorie darüber, warum emotionaler Aufruhr die Menschen veranlasst zu glauben, sie seien verliebt. Es sieht so aus, als seien mit dem Erleben jedes beliebigen Gefühls immer zwei voneinander zunächst unabhängige Zustände verbunden. Der erste ist eine physiologische Erregung (rasche Atmung und erhöhter Puls), und der zweite ist die Zuordnung dieser Erregung zu einer Ursache, z.B. Wut, Angst oder – Liebe. Die Zuordnung wird erlernt, zum einen direkt am Beispiel anderer Menschen, zum anderen indirekt über die Medien. Ein Mensch wird nur dann Liebe fühlen, wenn er annimmt, dass sie die Ursache für seine physiologische Erregung ist. So kann es also sein, dass eine Achterbahnfahrt gemeinsam mit einer attraktiven Person zu dem Schluss führt, in diese Person verliebt zu sein.

Belege für diesen so genannten »Erregungstransfer« rühren aus Experimenten mit Adrenalin (einem Stoff, der den Körper in einen allgemeinen Erregungszustand versetzt). Das Gefühl, das die Probanden und Probandinnen beschreiben, hängt von ihrer bewussten Einschätzung der jeweiligen Situation ab, also auch von der erwarteten Wirkung der Substanz sowie vom beobachteten Verhalten anderer Menschen, von denen angenommen wird, dass sie die Substanz ebenfalls erhalten haben.

Sexuelle Erregung bietet sich besonders dazu an, als Liebe interpretiert (oder fehlinterpretiert) zu werden, was vielleicht erklärt, warum sowohl sexuelle Befriedigung als auch sexuelle Frustration einiger Theorien zufolge in romantische Liebe münden kann. Was zunächst wie ein Widerspruch wirkt, wird durch die Attributionstheorie schnell ersichtlich. Ein Mensch, den die Anwesenheit einer attraktiven Person in Aufruhr versetzt, sei es durch sexuelle Frustration oder Befriedigung, ist unter bestimmten Umständen schnell bereit, diese Gefühle als Liebe zu interpretieren. Stuart Valins hat gezeigt, dass sogar die irrtümliche Annahme, eine Frau habe einen Mann in Erregung versetzt, der Zuneigung des Mannes zu der Frau den Weg ebnen kann.[17] Collegestudenten wurden bei der Betrachtung verschiedener *Playboy*-Pin-Ups erhöhte Herzfrequenzen vorgegaukelt, indem man ihnen erzählte, dass ihr Herz bei bestimmten Bildern schneller geschlagen hätte. Als man die Studenten anschließend bat, die Attraktivität der Frauen zu beurteilen, bevorzugten sie die Frauen, von denen sie annahmen, dass sie ihren Puls erhöht hatten. Die Beurteilung änderte sich auch dann nicht, als man die Studenten einen Monat später in einem gänzlich anderen Zusammenhang befragte.

Auch andere Experimente belegen, dass der Sexappeal einer Person vom Erregungszustand des Gegenübers beeinflusst wird. Man ließ eine Gruppe von Probanden zunächst auf der Stelle laufen. Nach einer kurzen Pause zeigte man ihnen zwei verschiedene Videos von ein und derselben Frau. Das eine Video zeigte sie hübsch aufgemacht und lebendig, das andere dagegen eher nachlässig angezogen und ausdruckslos. Es zeigte sich, dass die Gruppe der Männer, die zuvor gelaufen waren, die Frau in der aufgemachten Version attraktiver und in der nicht aufgemachten Version weniger langweilig fanden als die Kontrollgruppe.

In einem anderen Experiment wurde Probanden jeweils eine von drei verschiedenen Tonbandaufnahmen vorgespielt. Eine mit grausigen Nachrichten, eine mit komischem Inhalt und eine mit einer Passage aus einem Biologiebuch. Die Forscher teilten die Nachrichten entsprechend in negativ, positiv und neutral ein. Sowohl der negative als auch der positive Inhalt führten zum gleichen Effekt wie das Laufen in dem vorherigen Experiment.[18]

Da körperliche Anspannung und unsere Reaktion auf eine attraktive Person offenbar zusammenhängen, wäre es interessant herauszufinden, ob wir in der Lage sind, unsere Reaktion zu steuern und ob es irgendeinen Unterschied macht, wenn wir uns unseres körperlichen Zustandes bewusst sind. Craig Foster und sein Team ließen 40 Studenten mehrere Minuten lang einige Turnübungen machen. Sie sollten dann die Attraktivität von Frauen auf Fotos beurteilen. Einige Männer wurden gleichzeitig gebeten, sich eine siebenstellige Zahl zu merken. Diese Männer fanden die Frauen attraktiver als die Männer, denen keine ablenkende Aufgabe gestellt worden war. Daraus wurde geschlossen, dass wir uns durchaus bewusst sind, dass körperliche Erregung uns andere Menschen attraktiver erscheinen lässt und unser Urteil entsprechend anpassen, es sei denn, unser Hirn ist gerade mit etwas anderem beschäftigt.[19]

Die Elternfalle

Es heißt, man fühle sich häufig von Menschen des anderen Geschlechts angezogen, die dem jeweiligen Elternteil ähneln. Ein Mann wird sich zu einer Frau hingezogen fühlen, die gewisse Gemeinsamkeiten mit seiner Mutter aufweist, während eine Frau sich einem Mann zuwenden wird, der sie an ihren Vater erinnert. Die klassische Version dieser Theorie findet sich in Freuds Ödipuskomplex, der eine zentrale Stellung in seinen psychoanalytischen Theorien einnimmt. Jungen, so nahm er an, durchlaufen eine Phase, in der sie ihre Mutter begehren und gleichzeitig fürchten, vom Vater dafür bestraft und kastriert zu werden. Obwohl vermutlich die wenigsten Männer einen Zusammenhang mit ihren eigenen Vorlieben sehen, könnte die Theorie doch ein Körnchen Wahrheit enthalten.

Anekdoten über ödipales Begehren gibt es zuhauf. Ein Beispiel: Eine 43 Jahre alte Frau wurde in Tennessee wegen Inzest verurteilt. Sie hatte, ohne es zu wissen, ihren eigenen Sohn geheiratet, den sie kurz nach der Geburt zur Adoption frei gegeben hatte. Es gibt auch zahlreiche Beispiele für die Anziehung zwischen Geschwistern. Kim Straker und Terri Bigham in Essex wurden gerichtlich dazu verurteilt, getrennt zu leben, obwohl sie ein gemeinsames Kind hatten. Sie hatten sich 1985 nach 25 Jahren wiedergetroffen und ineinander verliebt, nachdem sie zunächst nach dem Tod der Eltern adoptiert und bei verschiedenen Familien aufgewachsen waren. »Als ich Terri das erste Mal sah, war es, als schlüge der Blitz in mich ein«, berichtete Kim. Obwohl sie vom Gesetz und von ihren Familien dafür verurteilt wurden, schworen sie sich ewige Liebe, selbst wenn sie dafür ins Gefängnis kämen.[20]

Da Adoptivkinder oft versuchen, ihre eigentlichen Verwandten aufzuspüren, gibt es inzwischen zahlreiche Berichte über ein starkes sexuelles Verlangen zwischen sich genetisch sehr nahe stehenden Menschen.[21] Wie bei Ödipus und Jokaste ist eine frühe Trennung dabei offenbar ein wichtiger Faktor. Untersuchungen an Tieren zeigen, dass gemeinsam aufgezogene Tiere sexuellen Verkehr miteinander möglichst meiden, und Erfahrungen in israelischen Kibbuz-Gemeinden zeigen, dass sich die Vermeidung weit über die direkten Geschwister hinaus auf die gesamte Verwandtschaft erstreckt. Hinsichtlich sexuellen Verlangens erzeugt Verwandtschaft in der Regel offenbar Abneigung.

Wenn nun aber familiäre Zugehörigkeit unter der Voraussetzung von langer Abwesenheit zur gegenseitigen sexuellen

Anziehung führt, was könnten die Ursachen dafür sein? Frühkindliche Prägung wäre eine mögliche Erklärung. In vielen Fällen ist das Gehirn von Tieren genetisch auf bestimmte Muster und Musterabläufe programmiert, die dann durch die verfügbaren Komponenten in der Realität konkretisiert werden. Ein gerade geschlüpftes Gänseküken beispielsweise wird als Mutter akzeptieren, was irgendwie diesem Muster entspricht, und ihr überallhin folgen. Auch sexuelle Prägung verläuft nach einem ähnlichen Schema. So kann ein isoliert aufwachsender Pavian sich auf etwas vollkommen Abwegiges wie die Gummistiefel seines Wärters fixieren. Auch mancher Hundebesitzer war schon peinlich berührt, wenn sein Vierbeiner sich nicht nur von Hündinnen, sondern auch von Menschen angeregt fühlte. Da Hunde ja häufig schon sehr früh in menschliche Hände gegeben werden, ist diese falsche Prägung eigentlich nicht verwunderlich.

Der gegengeschlechtliche Elternteil führt ebenfalls zu einer starken Prägung. Eine japanische Wachtel mit einer Albinomutter wird sich sehr wahrscheinlich später auch für Albinoweibchen interessieren. Das Gleiche gilt für Säugetiere. In Cambridge trennten Keith Kendrick und sein Team 13 Schafe und acht Ziegen schon sehr früh von ihren Müttern und gaben sie Müttern der jeweils anderen Art zur Aufzucht.[22] Das Experiment funktionierte, die Pflegemütter entwickelten starke Muttergefühle für ihre »Adoptivkinder«. Und auch die Adoptivkinder entwickelten sich, als gehörten sie der anderen Tierart an. Als erwachsene Tiere interessierten sie sich folglich stärker für die Tiere dieser Art als für Angehörige ihrer eigenen Rasse. Interessanterweise funktionierte das bei männlichen Tieren noch besser als bei weiblichen, die sich nach ausgiebigem Kontakt eher wieder ihrer eigenen Art anschlossen. Möglicherweise sind männliche Tiere stärker an ihre Prägung gebunden. Vor allem Aussehen und Gerüche können sich mit dieser Prägung in einer inflexiblen und fetischistischen Art und Weise verfestigen, einschließlich bestimmter Schlüsselreize, die eine promiskuitive Haltung fördern. Weibliche Tiere sind eher reaktiv als aktiv in ihrem sexuellen Verhalten und reagieren deshalb vielleicht stärker auf die Pheromone der männlichen Tiere ihrer eigenen Spezies.

Untersuchungen mit Menschen stützen die These von einer ödipalen Komponente bei der Partnersuche. Hawaii ist ein Schmelztiegel vieler Kulturen mit annähernd gleichen Anteilen von Menschen aus Polynesien, dem Orient und aus Europa. So sind Mischehen ein häufiges Phänomen. Forschungen haben ergeben, dass Kinder aus diesen Verbindungen sich häufig Partner der gleichen ethnischen Zugehörigkeit wie der des gegengeschlechtlichen Elternteils suchen. Mit anderen Worten, Jungen orientieren sich bei der Partnersuche an der Mutter, die Mädchen am Vater. In England hat man dazu eine Studie durchgeführt, die ergab, dass die Partner von Frauen öfter die Augenfarbe ihres Vaters als die ihrer Mutter haben. Ein ähnliches Phänomen gibt es beim Alter. Ein Mädchen, das von einem Vater im mittleren Alter aufgezogen wurde, wird sich als Frau eher in ältere Partner verlieben.[23]

Keiner dieser Effekte ist besonders ausgeprägt und müsste statistisch stärker belegt werden. Immerhin gibt es zahllose Eigenschaften des gegengeschlechtlichen Elternteils, die bei einer späteren Partnerwahl relevant werden könnten. Ebenso sollten wir uns bewusst sein, dass Modelle und Muster für unser sexuelles Interesse sich an den Eltern orientieren, wie sie während unserer frühen Kindheit waren. Das würde uns beispielsweise auch endlich erklären, warum so viele Männer von Strapsen und Strümpfen begeistert sind. Schließlich tragen Frauen von heute so etwas überaus selten, doch für die Mütter dieser Männer waren dies alltägliche Kleidungsstücke.

Vom evolutionären Standpunkt aus gesehen, birgt diese Orientierung am gegengeschlechtlichen Elternteil aber die große Gefahr des mangelnden genetischen Austauschs. Die meisten Individuen tragen 20 bis 30 Gene in sich, die potenziell zu Erbschädigungen, Fehlgeburten oder Behinderungen des Kindes führen können. Je ähnlicher sich die Partner in genetischer Hinsicht sind, desto größer die Gefahr. Dieser Logik folgt die Natur, wenn sie uns eine starke sexuelle Aversion gegen unsere nächsten Verwandten mitgibt und gleichzeitig das bewusste Bedürfnis, einen Partner bzw. eine Partnerin zu finden, die der Verwandtschaft möglichst unähnlich ist. Forschungen von Patrick Bateson an der Cambridge University zeigen, dass manche Tiere einen unbekannten Cousin einem unbekannten Geschwister und einem unbekannten fremden Tier vorziehen.[24] Das lässt vermuten, dass Anziehung zwar auf dem Erkennen von genetischer Ähnlichkeit basiert, diese aber durch den Instinkt, nach optimaler genetischer Vielfalt zu suchen, gebremst wird. Das heißt, wir suchen beim Partner nach einem Kompromiss zwischen Vertrautheit und Fremdheit.

3

PARTNERWAHL

Ich habe unter Wert geheiratet.
Alle Frauen tun das.

Nancy Astor

Wenn zwei Menschen sich das erste Mal begegnen und sich sexuell angezogen fühlen, reagieren sie wahrscheinlich auf eine Reihe sichtbarer Attribute. Natürlich reagieren einige dabei körperbetonter als andere und fühlen sich vielleicht durch Kleinheit, Körperfülle oder rote Haare abgestoßen, während sich andere weniger von Äußerlichkeiten leiten lassen. Doch das ist ja nur der Anfang. Was, wenn man bei näherem Kennenlernen einen schlechten Charakter entdeckt oder bestimmte Eigenheiten, die es unmöglich machen, miteinander auszukommen? Wovon hängt es ab, ob wir finden, dass jemand auf unserer Wellenlänge liegt, ob wir gern mit jemandem zusammen sind und ob wir uns eine Liebesbeziehung zu ihr oder ihm wünschen?

Nicht alle vielversprechenden Begegnungen münden tatsächlich in eine Beziehung. Zu Beginn wird einer oder auch beide Strategien und Taktiken anwenden, um das Interesse des anderen zu wecken. Dabei kann viel schief gehen. So wird es in manchen Fällen über das Flirten nicht hinausgehen. Vielleicht ist das Interesse nur einseitig oder vielleicht ist eine Partei an mehr nicht interessiert und hat lediglich Spaß an der Jagd und am Spiel. Selbst wenn eine Partei auf der Suche nach der Liebe ihres Lebens ist oder wenigstens nach einer verbindlichen Beziehung, kann die andere Partei durchaus nicht mehr als eine flüchtige Affäre wollen. Bei so vielen Schwierigkeiten sagt es viel über das menschliche Bedürfnis nach einer festen Beziehung, wenn es dennoch den meisten gelingt, die Schwierigkeiten zu meistern und einen Partner bzw. eine Partnerin zu finden.

Das Spiel

Ab dem Moment, ab dem uns eine Person interessiert, beginnen wir unbewusst, sie anhand der äußeren Erscheinung abzuschätzen. Wir alle tun das, und zwar ständig. Ob man nun im Zug sitzt, fernsieht oder fremde Leute auf einer Party trifft. Größtenteils beruhen unsere Einschätzungen auf Stereotype, eben darauf, was wir glauben, aus ihrer Kleidung, ihrer Frisur etc. ablesen zu können. Brillen tragende Frauen werden oft für ernster und intelligenter gehalten als Frauen ohne, und Männer mit Glatze haben für manche etwas Bedrohliches. Wenn man dann jemanden näher kennen lernt, gewinnt die tatsächliche Persönlichkeit allmählich die Oberhand über unsere pauschalen Vorstellungen und stellt sie gelegentlich sogar auf den Kopf. Finden wir jemanden jedoch aus irgendeinem Grunde auf Anhieb unsympathisch, werden wir wohl nur selten den Versuch unternehmen herauszufinden, ob unser Bild wirklich der Realität entspricht.

Es heißt, dass bei einer Unterhaltung etwa zwei Drittel der aufgenommenen Informationen durch nonverbale Signale vermittelt werden: Die Art und Weise, wie jemand steht oder sitzt, z.B. die Mimik, die Gestik oder auch, wie nahe jemand an uns herankommt. Obwohl man diese Körpersprache analysieren und ihr bestimmte Bedeutungen entnehmen kann, sind sich die wenigsten dessen selbst bewusst, und wenn doch, gelingt es ihnen kaum, die Körpersignale dauerhaft und überzeugend zu unterdrücken. Fühlen sich eine Frau und ein Mann zueinander hingezogen, werden sie häufig Augenkontakt suchen und sich bemühen, den Blick des anderen festzuhalten. Sie stehen oder sitzen mit angespannten Muskeln und wenden ihre Körper in einer Art und Weise einander zu, die andere davon abhalten soll, sich zu ihnen zu gesellen und ihr trautes Tête-à-Tête zu stören. Sie werden viel lächeln, den Raum zwischen sich verkleinern und sich wie zufällig berühren. Solche Gesten und eine solche Haltung werden im Allgemeinen positiv bewertet, wenn auch nicht alle Menschen gleich stark darauf reagieren. Auf der anderen Seite sind uns allen auch die Zeichen mangelnden Interesses bekannt: Gähnen, Stirne runzeln, in der Gegend herumschauen oder gar wegrücken bzw. den Abstand zwischen sich vergrößern.

Einige nonverbale Signale sind weniger offensichtlich, haben aber keine geringere Wirkung. Bei einem Experiment wurden Männern zwei Photos einer Frau gezeigt. Es gab nur einen Unterschied. Bei einem Foto hatte man die Pupillen retuschiert und erweitert.[1] Fast alle Männer fanden dieses Bild attraktiver, obwohl sie nicht sagen konnten, warum, und den Unterschied selbst nicht herausfanden. Es ist bekannt, dass sich unsere Pupillen erweitern, wenn wir etwas mit Interesse und innerer Beteiligung betrachten. Offensichtlich übt dies einen starken Reiz aus, ohne dass wir uns dessen heute bewusst wären. Im mittelalterlichen Italien hingegen kannten die Frauen diese Wirkung sehr wohl und tropften sich *Bella Donna* in die Augen, um ihre Pupillen zu vergrößern. Nicht zufällig bedeutet *Bella Donna* schöne Frau. Vielleicht meinen wir dieses Phänomen, wenn wir von einem Schlafzimmerblick sprechen.

Wenn man zwei Menschen beobachtet, die gut miteinander harmonieren, ist es nicht sehr schwierig, anhand ihrer Körpersprache ihren Vertrautheitsgrad zu erraten. Sie sitzen vermutlich in ähnlicher Haltung, über- und unterkreuzen die Beine zueinander, bewegen Hände und Arme sehr synchron und machen ähnliche Gesten. Das nennt man entweder Spiegeln, Synchronie oder Haltungsecho und lässt sich immer dann beobachten, wenn zwei auf derselben Wellenlänge liegen, ganz gleich, ob es sich nun um (potenzielle) Freunde oder (potenzielle) Paare handelt.

Diese Signale sind für uns deshalb so wichtig, weil sie uns sagen, dass unser Interesse auf Gegenliebe stößt. Die meisten fühlen sich zu Menschen hingezogen, von denen sie ein positives Feedback erhalten. Trotzdem, Studien haben gezeigt, dass es ganz so einfach doch nicht ist, denn häufig reagieren wir noch positiver auf Menschen, die unser Interesse zunächst nicht zu erwidern scheinen oder gar ablehnend wirken und ihre Meinung dann augenscheinlich ändern.

Schwer zu kriegen

Eine der frühesten Studien zu diesem Thema führten Aronson und Linder durch.[2] Bei einem Versuch unterhielten sich die Probanden mit Personen, die angewiesen worden waren, später Bemerkungen über ihre Gesprächspartner zu machen, die diese wie aus Versehen hören sollten. Als man die Probanden später fragte, wie sympathisch ihnen die Gesprächspartner gewesen seien, zeigte sich ein unmittelbarer Zusammenhang mit den gehörten Bemerkungen. Waren sie überwiegend positiv, wurde die Person als sympathisch, waren sie überwiegend negativ, als unsympathisch empfunden. Am besten kamen jedoch die Personen weg, deren Bemerkungen zunächst negativ waren, dann aber immer positiver wurden. Das würde bedeuten, dass die beste Art, Freunde und Partner zu gewinnen, darin bestünde, zunächst Ablehnung zu zeigen (aber nicht zuviel) und dann zunehmend Interesse und Zustimmung.

Es gibt verschiedene Interpretationen dieses Phänomens, u.a. bewirke anfängliche Abneigung, dass spätere Herzlichkeit nicht als reine Höflichkeit empfunden werde. Eine andere Erklärung bemüht unser Selbstwertgefühl: Studien belegen, dass Menschen mit geringem Selbstwertgefühl von anderen und auch von potenziellen Partnern weniger erwarten. Frauen, deren Selbstwertgefühl durch unhöfliche und herablassende Behandlung zu Beginn des Experiments geschwächt worden war, fanden einen ihnen später im Experiment vorgestellten Mann attraktiver als Frauen, deren Selbstwertgefühl zuvor gestärkt worden war. Auch trauen sich wenig selbstbewusste Männer seltener, eine attraktive Frau zu fragen, ob sie mit ihnen ausgehen möchte. Wenn also grobes oder gleichgültiges Verhalten bei der ersten Begegnung das Selbstwertgefühl des Gegenübers mindert, wenn auch nur zeitweise, so könnte das folglich dazu führen, dass unser später versprühter Charme um so stärker strahlt.

In Experimenten hat man versucht herauszufinden, ob Frauen und Männer, die »schwer zu kriegen« spielen, attraktiver wirken. Ein Forschungsteam ließ Männer Frauen anrufen, die angeblich per Computer als besonders passend ausgewählt worden waren, um sich mit ihnen zu verabreden.[3] In Wirklichkeit war es jedoch immer dieselbe Frau, die mit den Forschern zusammenarbeitete. Auf die Hälfte der Männer ging sie sehr bereitwillig ein, freute sich über ihren Anruf und bedankte sich für die Verabredung. Bei der anderen Hälfte verwies sie auf zahlreiche andere Verabredungen und ließ sich nur sehr zögernd wenigstens auf einen Kaffee ein. Nach diesen Anrufen wurden die Männer nach ihrer Einschätzung befragt. Interessanterweise bestätigte sich in diesem und zahlreichen weiteren Experimenten die Hypothese nicht. Die Männer empfanden die Frau gleichermaßen anziehend.

Daraufhin wurde die Hypothese modifiziert: Vielleicht erscheint uns die Person am anziehendsten, die zwar für uns nicht schwer zu kriegen ist, dafür aber für alle anderen. Zur Überprüfung variierten sie das Experiment. Eine Frau ging nun auf alle Männer bereitwillig ein und machte deutlich, dass sie sich gerne mit jedem treffe, den der Computer für sie ausgewählt hatte. Eine andere Frau dagegen reagierte auf alle Männer ablehnend, und eine dritte Frau gab vor, nur an einem Treffen mit dem jeweiligen Mann, aber mit keinem anderen Interesse zu haben. Diesmal ging die Rechnung auf. Die selektive Frau wurde von den Männern eindeutig am anziehendsten gefunden.

Möglicherweise ist es aber in bestimmten Situation durchaus vorteilhaft, »schwer zu kriegen« zu spielen, denn gewöhnlich messen wir etwas einen um so höheren Wert bei, je mehr Mühe es uns macht, es zu bekommen. Dieses Phänomen wurde in verschiedenen Studien in unterschiedlichen Zusammenhängen bestätigt. So wurden beispielsweise Studienbewerber in zwei Gruppen geteilt. Die erste Gruppe musste einen harten Selektionsprozess durchlaufen, während die zweite lediglich einige Informationen zu den Kursinhalten erhielt. Beide Gruppen wurden zum Kurs zugelassen. Eine spätere Befragung ergab, dass die erste Gruppe den Kurs sehr viel höher bewertete als die zweite. Man fühlt sich an einen Ausspruch von Groucho Marx erinnert, wonach er niemals einem Club beitreten würde, der bereit wäre, ihn aufzunehmen. Vielleicht gilt das ja auch für die Partnerwahl.

Für immer?

Im Allgemeinen ist man sich darüber einig, dass Männer nach Sex und Frauen nach Liebe suchen. 1975 gab es dazu eine ungewöhnlich direkte Studie. Den weiblichen und männlichen Probanden wurde erzählt, dass eine Person auf sie aufmerksam geworden sei, sie attraktiv fände und gerne mit ihnen schlafen würde.[4] Die Frauen reagierten durchweg ablehnend, mache lediglich erstaunt, manche aber sogar empört oder gekränkt. Die Männer hingegen fühlten sich geschmeichelt und gingen zu 75 Prozent auf das Angebot ein. Diejenigen, die ablehnten, fühlten sich aber genötigt, sich zu entschuldigen und Erklärungen abzugeben. Meist begründeten sie ihre Ablehnung mit der Existenz einer festen Partnerin. Würde dieses Experiment heute wiederholt, käme mit großer Wahrscheinlichkeit das Gleiche dabei heraus. Selbst wenn ein paar Frauen heute anders reagierten, die große Mehrheit würde es nicht.

Trotzdem ist es nicht mehr als logisch, dass, wenn so viele Männer ihr Bedürfnis nach unterschiedlichen Sexpartnerinnen ausleben wollen, es auch Frauen geben muss, die zu einer kurzen Affäre ohne Verpflichtung bereit sind. Die Ansichten der Frauen zu Gelegenheitssex und Affären sind unterschiedlich. Zahlreiche Studien, angefangen von dem bahnbrechenden Bericht von Kinsey Mitte des 20. Jahrhunderts über spätere wissenschaftliche Studien bis hin zu den informellen Befragungen von Shere Hite und anderen, lassen keinen Zweifel daran, dass Männer stärker zu multiplen Beziehungen neigen als Frauen. David Buss und sein Team fanden heraus, dass Frauen Kosten und Nutzen solcher Affären sehr unterschiedlich einschätzen.[5] Die Vorteile sahen die Frauen, die Affären hatten, z.B. in einer größeren sexuellen Abwechslung und Befriedigung, in der Bestätigung ihrer Attraktivität, in materiellem Gewinn (z.B. teure Geschenke) oder in Vorteilen für ihre Karriere. Sie machten sich wenig Sorgen um ihren Ruf oder ihren Status und gaben häufig Probleme mit ihrem Partner als Begründung für ihr Verhalten an.

Auch eine unterschiedliche Einschätzung des eigenen »Marktwertes« beim anderen Geschlecht scheint nach einer 1995 durchgeführten Studie Einfluss darauf zu haben, ob sich jemand auf Affären einlässt oder nicht.[6] Männer, die ihren Marktwert hoch einschätzten, begannen früher mit sexuellen Kontakten und hatten ihr ganzes Leben viele verschiedene Sexpartnerinnen. Für Frauen, die ihren Marktwert hoch einschätzten, galt das aber nicht. Bei Frauen scheint das Selbstwertgefühl eine größere Rolle zu spielen. Frauen mit geringem Selbstwertgefühl berichteten von mehreren Partnern, häufigen One-Night-Stands und bevorzugten kurze Beziehungen. Bei Männern sind früher Sex und viele verschiedene Partnerinnen offenbar keine Frage des Selbstbewusstseins.

Was wir wirklich wollen …

Die meisten Menschen wissen sehr genau, welche Eigenschaften sie sich bei einem idealen Partner bzw. einer idealen Partnerin wünschen, obwohl sie meist realistisch genug sind, um zu wissen, dass sie kaum alle in einer Person vereint finden werden. Man hat nun versucht herauszufinden, welches die wirklich wichtigen Eigenschaften sind bzw. welche Eigenschaften besonders attraktiv wirken. Zu diesem Zweck analysierte man Bekanntschaftsanzeigen und die Reaktionen darauf. 1995 untersuchten Baize und Schroeder 195 solcher Anzeigen aus zwei verschiedenen US-amerikanischen Zeitungen.[7] Sie kontaktierten die Auftraggeber und baten sie, einen Fragebogen über Zahl und Art der Leute, die auf ihre Anzeige reagiert hatten, auszufüllen. Dann setzten sie diese Informationen mit der jeweiligen Selbstbeschreibung in Beziehung. Demzufolge reagierten Frauen vermehrt auf ältere Männer, die einen wohlhabenden und gebildeten Eindruck erweckten. Die Autoren fassten ihre Ergebnisse zusammen, indem sie ein Lied von Tim Hardin von 1960 ergänzten: »Wenn ich ein Schreiner wäre und du eine Lady, würdest du mich trotzdem heiraten?« Vermutlich nicht, so Baize und Schroeder.

Es war zudem interessant, dass mehr Männer auf die Anzeigen antworteten als Frauen. Die Männer erhielten im Durchschnitt nur zwei Drittel so viele Briefe wie die Frauen. Wie nicht anders erwartet, bekamen Frauen, die sich als äußerlich attraktiv bezeichneten, mehr Post als Frauen, die darauf verzichteten. Zwar erhielten auch die Männer, die sich selbst als attraktiv beschrieben, mehr Post als die anderen, jedoch war der Unterschied hier deutlich geringer. Hatten Frauen in ihrer Anzeige geschrieben, sie seien »sexuell attraktiv«, erhöhte das ihren Postzulauf zusätzlich. Bei Männern führte diese Beschreibung jedoch zum gegenteiligen Effekt. Wenig überraschend auch, dass junge Frauen mehr Briefe erhielten als ältere, was das gängige Klischee bestätigt, dass Männer weiterhin meist jüngere (und damit fruchtbarere?) Frauen suchen.

Ein ähnliches, wenn auch nicht identisches Bild lieferte Larry Lance 1998 mit der Auswertung von 489 solcher Bekanntschaftsanzeigen in einer Zeitung in einer Stadt im Südosten der USA.[8] Dabei zeigte sich, dass sowohl Männer als auch Frauen bei der Selbstdarstellung großes Gewicht auf Persönlichkeit, gutes Aussehen, hohen Bildungsgrad, Schlankheit und Nichtrauchen legten. Außerdem erwähnten viele Frauen ihre Körpergröße. Die Anzeigen in anderen Zeitungen waren sehr ähnlich, wobei die Frauen manchmal noch Wert darauf legten, dass die Männer kinderlieb sein und eine »spirituelle Neigung«, wie sie es nannten, haben sollten. Der Verdienst eines Mannes schien dagegen keine Rolle zu spielen, obwohl sich vermuten lässt, dass er bei einem gehobenen Bildungsniveau eher überdurchschnittlich anzusetzen war. Die Tatsache, dass auch die Frauen ihren Bildungsgrad angaben, veranlasste Lance zu der Annahme, dass sich die Auswahlkriterien beider Geschlechter bei der Partnerwahl allmählich wandeln. Es kann aber auch sein, dass die Frauen dadurch lediglich hofften, gebildetere – und damit besser verdienende – Männer anzusprechen.

Andere Studien belegen, dass Männer und Frauen auch in der Praxis versuchen, die Selektionskriterien, wie sie in den Anzeigen genannt werden, nach Möglichkeit durchzusetzen. David Buss sammelte Ehestatistiken aus 27 Ländern. Danach sind Männer im Durchschnitt drei Jahre älter als ihre Ehefrauen.[9] Häufig fand sich auch eine Korrelation zwischen hoher Attraktivität der Frau und hohem Verdienst und Status des Mannes. Das stützt die Hypothese, dass Männer junge und attraktive Frauen suchen und Frauen gute Versorger, egal, was sie dazu sagen (oder wovon sie vielleicht sogar überzeugt sind). Eine 1994 auf der Grundlage von kanadischen Statistiken durchgeführte Erhebung über die Altersunterschiede bei sechs Millionen verheirateten und geschiedenen Paaren liefert eine geradezu amüsant stringente Richtlinie über den idealen Altersunterschied. Demnach wäre eine Ehe, bei der die Frau sechs Jahre jünger ist, am wenigsten durch eine Scheidung bedroht – wenn man mal von einer Ausnahme absieht, bei der der Mann 50 Jahre älter war und vermutlich eher das Zeitliche segnet, als dass er sich von ihr scheiden lässt!

Der »Romeo-und-Julia-Effekt«

Sobald ein Paar die Anfangshürden genommen hat und feststellt, dass nicht nur die Anziehung beiderseitig ist, sondern es auch mehr als ein Strohfeuer ist, werden sie allmählich ein Teil der Welt des anderen. Man lernt die Freunde und meist auch die Familie kennen, ein mitunter steiniger Weg. Die meisten Eltern haben hohe Erwartungen an ihr Kind und legen großen Wert auf einen guten Partner, woran auch immer sie das festmachen mögen. Manchmal schätzen die Eltern einen Freund oder eine Freundin ihres Nachwuchses nicht besonders, doch allzu große Ablehnung erweist sich oft als kontraproduktiv.

Eine sehr einflussreiche Studie, die Richard Driscoll mit einem Team 1972 in Colorado durchführte, untersuchte die Auswirkung elterlicher Bemühungen, die missbilligte Beziehung ihrer Kinder auseinander zu bringen.[10] Sie baten 91 verheiratete und 49 unverheiratete Paare, einen Fragebogen auszufüllen, in dem es um Liebe, Vertrauen, Gemeinschaft und die Einmischung von außen ging. Die Gefühle der verheirateten Paare schienen von den Reaktionen ihrer Eltern eher wenig beeinflusst, doch die unverheirateten Paare schienen um so fester zueinander zu halten, je stärker die Eltern versuchten, sie auseinander zu bringen. Als dieselben Paare ein paar Monate später noch einmal befragt wurden, hatte sich diese Tendenz sogar noch verstärkt. Dass solche Hindernisse die Bindung zueinander noch intensivieren, wird auch durch eine Paar-Studie belegt, bei der die Partner unterschiedlichen Religionen angehörten. Dabei zeigten die Paare eine stärkere Bindung zueinander als Paare mit gleicher Religionszugehörigkeit.[11]

Für diesen »Romea-und-Julia-Effekt« gibt es zwei Erklärungsansätze. Der eine geht davon aus, dass Frustration ein starker Auslöser für inneren Gefühlsaufruhr ist, der, wie wir weiter oben bereits gesehen haben, als Verstärker für die Anziehung durch den anderen wirkt. Die andere Erklärung beruht auf einer Theorie mit dem Namen »kognitive Dissonanz«. Danach lautet die Schlussfolgerung wie folgt: »Alle haben sich gegen uns verschworen, aber wir sind immer noch zusammen. Also müssen wir uns ungeheuer lieben.« Dieser Effekt scheint uns vielleicht auch nur deshalb besonders stark, weil bei geringerem Einfluss von außen weniger gefestigte und weniger tiefgehende Beziehungen häufig zerbrechen. Das würde auch die Korrelation erklären, die zwischen elterlichem Widerstand und der Intensität der Liebesbeziehung von Paaren, die beieinander bleiben, besteht.

Ein gutes Paar?

Das Klischee, dass sich Gegensätze anziehen, halten viele bei Liebesbeziehungen für besonders zutreffend. Während die meisten von uns Leute kennen, für die das zu gelten scheint, findet die Wissenschaft keine Beweise dafür, dass Beziehungen mit starken Gegensätzen erfolgreicher sind als andere.

Im Gegenteil, die ebenso bekannte Volksweisheit »Gleich und Gleich gesellt sich gern« scheint die erfolgsversprechendere Devise für die Haltbarkeit von Partnerschaften zu sein. In der Psychologie spricht man von der Komplementaritäts- bzw. von der Ähnlichkeitstheorie bei der gegenseitigen Anziehung. Donn Byrne führte eine der ersten Studien zur Ähnlichkeitstheorie an US-amerikanischen Universitäten durch.[12] Die Probanden füllten zunächst einen Fragebogen zu Persönlichkeit und persönlichen Ansichten aus und wurden dann zu einem Blind Date geschickt, wo ihnen die Leute zur Hälfte ähnlich und zur Hälfte entgegengesetzt waren. Hinterher befragt, gaben die meisten an, diejenigen am attraktivsten gefunden zu haben, die ihnen am ähnlichsten waren und die von den Forschern zuvor als sehr attraktiv für sie eingestuft worden waren.

Auch andere Untersuchungen fanden wenig, was die Komplementaritätstheorie stützen könnte, dafür vieles, was die Ähnlichkeitstheorie bestätigt, vor allem hinsichtlich Alter, Rasse, Religion, sozialer Schicht, Intelligenz, politischer Einstellung, körperlicher Attraktivität, Hobbys und Interessen. Bei Charaktereigenschaften ist die Ähnlichkeit weniger auffällig, aber immer noch ausschlaggebender als Komplementarität. Selbst solche Eigenschaften, die geradezu nach Gegensätzlichkeit bzw. Ergänzung rufen, wie Dominanz und Unterordnung, waren bei den Partnern eher ähnlich als gegensätzlich.

In einer ziemlich klassischen Studie dieser Art untersuchte David Nias die Korrelation bei Ehepaaren zwischen Mann und Frau anhand mehrerer Fragebögen zu Persönlichkeit und Interessen.[13] Einige der Punkte, bei denen die Paare eine hohe Ähnlichkeit aufwiesen, sind nachfolgend aufgeführt (je höher die eingeklammerten Zahlen, desto stärker die Korrelation, bei Komplementarität wären die Zahlen negativ).

Persönlichkeit:
Hatten Sie mehr Schwierigkeiten im Leben als die meisten anderen Menschen? (.25)
Gibt es Menschen, die Ihnen Schaden zufügen wollen? (.26)
Würden Sie Medikamente nehmen, die eine unangenehme oder schädliche Wirkung haben? (.21)
Sind Sie im Allgemeinen sehr unglücklich? (.29)
Lügen die Leute Sie oft an? (.19)
Gehen Sie gerne und oft aus? (.20)
Ziehen Sie es vor, lieber wenige, dafür aber gute Freunde zu haben? (.19)

Freizeit:
Einen trinken gehen (.34)
Tanzen gehen (.34)
Fernsehen:
  Shows (.29)
  Popmusik (.37)

Lesen:
Popmusik-Zeitschriften (.31)
Zeitschriftenromane (.22)

Sport:
Ansehen von Lieblingssportarten (.40)
Ansehen von Sport gemeinsam mit den Kindern (.47)

Unterstützung von Kindern:
Musik (.57)
Teilzeitjob (.51)

Es gab zwar auch eine ganze Reihe von Gebieten, auf denen die Partner keinerlei Ähnlichkeit zeigten (z.B. Kochen, Zeit zum Lesen, Zeit zum Ansehen von Actionfilmen etc.), jedoch keines, bei dem man von wirklich gegensätzlichem Interesse hätte sprechen können.

In anderen Untersuchungen, die sich mit der Bedeutung der Persönlichkeit bei der Partnerwahl beschäftigt haben, stellte sich heraus, dass die meisten Menschen sogar regelrecht nach Ähnlichkeit suchen (auch als assortative Partnerwahl bezeichnet). 1997 fragten Michael Botwin und seine Kollegen in einer Studie nach dem idealen Partner bzw. der idealen Partnerin. Dabei zeigte sich, dass eine Korrelation zwischen den eigenen Eigenschaften und denen des anderen von etwa .30 angestrebt wurde.[14] Das bestätigte frühere Ergebnisse, wonach dies sogar auf Eigenschaften wie Dominanz und Unterordnung zutrifft: Dominante Menschen suchten ebenso dominante Partner. Das Gleiche trifft, wenn auch nicht ganz so ausgeprägt, auf Intro- bzw. Extrovertiertheit zu. Eine 1996 hierzu durchgeführte Studie fand eine Übereinstimmung von .20 in diesem Punkt. Auch eine ähnliche Einstellung zu den großen Themen spielt eine Rolle, wie Studien zu politischen Einstellungen und kontroversen Fragen wie Todesstrafe und Abtreibung zeigen. Von anderen Dingen einmal abgesehen, kann man aufgrund der Ähnlichkeitstheorie allen raten, die auf Bekanntschaftsanzeigen reagieren, nur solche Anzeigen auszuwählen, die eine hohe Korrelation bei der Einstellung zu solchen Fragen vermuten lassen. Ein *Zeit*-Leser wird wohl kaum die passende Partnerin in der *Bild* finden.

Es erscheint uns seltsam, dass eine dominante Person ein ebenso dominantes Gegenüber sucht, denn das bedeutet, dass sich diese Eigenschaft nur außerhalb der Partnerschaft entfalten kann. Es gibt aber einen Bereich, da scheint das Prinzip der Komplementarität zu gelten. Wenn zwischen Mann und Frau hinsichtlich einer Eigenschaft ein statistisch durchschnittlicher Unterschied besteht (sei es physisch oder psychisch), dann ist eine Beziehung, die diesen Unterschied widerspiegelt, am stabilsten.[15] Ein Beispiel dazu: Männer sind im Durchschnitt 12 cm größer als Frauen. Große Männer suchen also Frauen, die zwar groß, aber nicht so groß sind wie sie selbst und kleine Männer suchen Frauen, die noch kleiner sind als sie. Ein anderes Beispiel: Männer sind gewöhnlich dominanter als Frauen, Frauen dafür emotionaler. Auch diese Züge spiegeln sich oft im entsprechenden Verhältnis in der Partnerschaft wider, d.h. der Mann ist hier jeweils »männlicher« als die Frau, aber nicht unbedingt am äußeren Ende der Skala. Dominante Männer wollen also Frauen, die dominanter sind als die durchschnittliche Frau, aber nicht dominanter als sie selbst. Auch die Frauen scheinen mit dieser Verteilung einverstanden, d.h. egal wie dominant sie selbst sind, sie sind offenbar am zufriedensten mit einem Partner, der etwas dominanter ist.

Die Ähnlichkeitstheorie fand 1972 weitere Bestätigung durch eine Studie von Richard Centers. Nach einer von Freud aufgestellten und von Nachfolgern fortgeführten Theorie verliebt man sich in Menschen, die Eigenschaften besitzen, die wir als sehr positiv erachten, die uns aber selbst offenbar fehlen.[16] Dies entspräche der Theorie von der Suche nach Ergänzung im anderen. Ein Beispiel: Jemand, der eher schüchtern und gesellschaftlich ungewandt ist, sucht sich einen Partner, der selbstsicher und gewandt auftritt. Centers bat 50 verlobte Studenten und Studentinnen, auf einem Fragebogen eine Liste von bestimmten Eigenschaften und Fähigkeiten daraufhin einzuschätzen, inwieweit sie selbst und ihre Partner darüber verfügen und wie positiv sie diese bei Männern und Frauen im Allgemeinen bewerten. Die Ergebnisse zeigten, dass sich die meisten für jemanden entschieden hatten, dessen Eigenschaften und Fähigkeiten in etwa den ihren entsprachen. Der Autor schloss daraus, dass die Ergänzungstheorie vielleicht einem hypothetischen Ideal entspricht, aber nicht der Praxis, denn sie berücksichtigt die Konkurrenz nicht, die entsteht, wenn ein Partner in mancher Hinsicht viel besser ist als der andere. Mit anderen Worten, die scheue und unbeholfene Person wird sich außerordentlich schwer tun, einen Partylöwen oder einen Vamp für sich zu interessieren – es sei denn, er oder sie ist reich oder hat etwas anderes dafür zu bieten. Am Ende werden sie sich also mit jemandem wiederfinden, der ihnen ziemlich ähnlich ist.

Bisher haben wir Ähnlichkeit in Bezug auf Charakter, Einstellungen und Interessen im Allgemeinen betrachtet. Ein von Jennifer Hahn und Thomas Blass durchgeführtes Projekt wirft jedoch ein etwas anderes Licht auf die Sache.[17] Sie gingen von John Lees ursprünglichen sechs Liebesarten aus und baten zunächst 152 männliche und weibliche Probanden zwischen 18 und 41 einen Fragebogen auszufüllen, um ihren bevorzugten Stil zu ermitteln. Danach wurden ihnen niedergeschriebene Interviews mit sechs Personen vorgetragen, und sie sollten angeben, welche Person ihnen am sympathischsten sei. Jedes Interview sollte dabei einen Liebesstil spiegeln. Es zeigte sich, dass die Person am sympathischsten empfunden wurde, deren Liebesstil dem eigenen am nächsten kam, was erneut die Bedeutung der Ähnlichkeit bei der Partnerwahl bestätigte. Interessanterweise waren die am häufigsten genannten Liebesstile Storge und Agape, die am wenigsten gewählte war Ludus.

Trotzdem überschätzen Paare in der Praxis ihre tatsächliche Ähnlichkeit oft, wie eine Studie von Del Thiessen und anderen 1997 zeigte.[18] 59 Paare wurden gebeten, sich einzeln hinsichtlich unterschiedlicher körperlicher und geistiger Eigenschaften einzuschätzen, dazu zählten u.a. Haar- und Augenfarbe, Attraktivität, ethnische Zugehörigkeit, Humor oder Interesse an Sex. Danach sollten sie in gleicher Weise ihre jeweiligen Partner einschätzen. Obwohl die Paare den Ergebnissen nach einander ähnlicher waren, als es wohl zufällig der Fall gewesen wäre, ging die Einschätzung jedoch von einer noch stärker ausgeprägten Ähnlichkeit aus. Die Autoren haben dafür zwei Erklärungen: Entweder war die Einschätzung nicht besonders zutreffend, oder die Partner glaubten, dass sie einander ähnlicher wären, als es tatsächlich der Fall war.

Interessanterweise betrafen die Eigenschaften, in denen sie sich am ähnlichsten glaubten, das Interesse an Sex sowie Ehe und Kinder. Zwölf Paare wurden dann einzeln fotografiert und 50 Studierende gebeten, sie zu Paaren zusammenzusetzen. Tatsächlich setzten sie die Paare dreimal so oft richtig zusammen wie es wohl eine zufällige Zusammenstellung ergeben hätte, und diejenigen, die richtig rieten, hielten sich dabei an allgemeine Körpermerkmale, Gesichtszüge und Rasse.

Ändere den Namen und nicht den Buchstaben …

Das hat heute vermutlich weniger Bedeutung, da viele Frauen bei der Eheschließung ihren Namen behalten. Trotzdem spielen Namen bei der Partnerwahl eine größere Rolle als man vermuten würde, wie eine Untersuchung von Richard Kopelman und Dorothy Lang ergab.[19] Sie analysierten die Vornamen von Ehepaaren, deren Namen sie verschiedenen Quellen entnommen hatten, daraufhin, wie häufig die Vornamen bzw. Rufnamen beider mit dem gleichen Buchstaben begannen. Die Häufigkeit schwankte je nach benutzter Quelle, doch als man alle Quellen mittelte, war die Gleichheit der Initialen bei Vornamen 8,3 Prozent und bei Rufnamen sogar zwölf Prozent häufiger, als es der Zufall ergeben hätte. Die Autoren warnen jedoch vor voreiligen Schlüssen bei der Interpretation dieses Phänomens, denn die Datenmengen der jeweils benutzten Quellen waren sehr unterschiedlich. Außerdem wurden Namen nicht berücksichtigt, die zwar nicht mit dem gleichen Buchstaben, dafür aber mit einem ähnlichen Laut beginnen (z.B. Susan und Cecil), weniger gebräuchliche Rufnamen wurden ausgeklammert und ethnische Zugehörigkeiten ignoriert. Es zeigte sich auch, dass frühere Generationen offenbar mehr Wert auf gleiche Initialen gelegt hatten als heutige, als eine Barbara der Unterschrift wegen gerne einen Barry heiratete.

Wenn tatsächlich etwas daran sein sollte, gäbe es verschiedene Erklärungsmöglichkeiten. Manche freut es vielleicht, wenn ihre Namen zusammen schön klingen und ihnen das Gefühl einer Einheit vermitteln. Es könnte auch sein, dass es mancher narzisstisch veranlagten Person gefällt, wenn der Partner ihr nicht nur ähnlich sieht und ähnlich ist, sondern auch einen Namen hat, der dem eigenen ähnlich klingt.

Die Theorie von der genetischen Ähnlichkeit

Ein weiterer kontroverser Ansatz versucht, die assortative Partnerwahl (sowie generell Beziehungen von Menschen und Tieren) auf andere Weise, nämlich mit der Theorie von der genetischen Ähnlichkeit zu erklären (genetic similarity theory = GST). Ihre Anhänger sind der Meinung, dass diese Theorie die Ergebnisse zahlreicher Studien zur Ähnlichkeit von Partnern in vielen Dingen erklären kann, angefangen von äußerlicher Attraktivität, über Intelligenz, Bildung und Einstellungen, bis hin zu Charaktereigenschaften und Wertvorstellungen.

In einigen zwischen 1980 und 1990 erschienenen Publikationen, u.a. von J. Philippe Rushton, wird dargelegt, dass nicht nur der Mensch, sondern viele Lebewesen in der Lage sind, genetisch ähnliche Lebewesen zu erkennen und als Partner zu wählen. Dadurch, so das Argument, stellen sie sicher, dass ihre Gene die bestmögliche Chance erhalten, erfolgreich auf die nächsten Generationen übertragen zu werden. Um diese Theorie zu stützen, wird auf Untersuchungen verwiesen, die beispielsweise zeigen, dass Paare um so fruchtbarer zu sein scheinen, je ähnlicher sie sich genetisch sind. Doch wie die Menschen genetisch ähnliche Partner tatsächlich erkennen, konnte bislang nicht geklärt werden. Es scheint allerdings plausibel, dafür bestimmte angeborene Strukturen in unserem Gehirn zu vermuten, die uns potenzielle Partner attraktiv erscheinen lassen. Selbst andere bei der Partnerwahl relevante Kriterien, wie Intelligenz, Wertvorstellungen oder sozio-ökonomischer Status, scheinen eine genetische Komponente zu besitzen, die sogar 50 Prozent und mehr ausmachen könnte. Ja, umgekehrt könnte man sagen, je größer die genetische Bedeutung einer Eigenschaft, desto wichtiger scheint sie bei der Partnerwahl zu sein.[20]

Eine Untersuchung, die sich mit der Rolle der Genetik bei der Partnerwahl beschäftigt, wurde von David Lykken 1993 durchgeführt.[21] Er stellte die Vermutung an, dass, wenn die Genetik bei der Partnerwahl eine Rolle spielt, die Partner von eineiigen Zwillingen einander ähnlicher sein müssten als die Partner von zweieiigen Zwillingen. Bei 738 Ehepaaren mittleren Alters konnte er jedoch keinen Hinweis darauf finden, woraus er schloss, dass es bei der Partnerwahl wohl doch eher darauf ankomme, »wo man sich gerade befinde, wenn Amors Pfeil trifft«. Es besteht aber immer noch die Möglichkeit, dass Amors Bogen bereits in früher Jugend durch den Prägungsprozess gespannt wird.

Passen wir zusammen?

Wenn wir den Grad der Ähnlichkeit zwischen Partnern über verschiedene für die Partnerwahl relevante Bereiche hinweg summieren, erhält man einen Kompatibilitätsquotienten (compatibility quotient = CQ), der uns einen Hinweis darauf geben kann, wie gut ein Paar harmoniert. Der wohl bekannteste ist der Wilson Compatibility Indicator (s. Tab. 2). Ursprünglich wurde er als Computerprogramm entwickelt, das als Forschungsinstrument, aber auch als eine Art »elektronisches Flaschendrehen« bei Partys eingesetzt wurde. Die unten aufgeführte vereinfachte Form wurde von dem australischen Forscher Geoffrey Dean entwickelt, der Inserenten von Bekanntschaftsanzeigen bat, einen kleinen Fragebogen samt ihren eigenen Angaben dazu in ihre Anzeige zu integrieren, damit potenzielle Interessenten abschätzen könnten, ob sie zu ihnen passten. Es wird dabei deutlich, dass die Fragen vor allem jene Punkte betreffen, die in Partnerschaften erfahrungsgemäß zu Unzufriedenheit und Streit führen:

1. äußerliche Merkmale wie Körpergröße, Wuchs und Attraktivität,
2. Libido und Einstellungen zum Sex,
3. Intelligenz, Ausbildung und Beruf,
4. Charakter, Religion und politische Überzeugung,
5. Gewohnheiten wie Rauchen oder Trinken,
6. Vorlieben bei Musik, Freizeitgestaltung und Ernährung

Jeder Punkt war auf einer Skala zu bewerten. Je weiter entfernt voneinander die Antworten waren, desto unwahrscheinlicher war es, dass die Partner gut miteinander harmonierten. Sind die Diskrepanzen insgesamt sehr ausgeprägt, sind die Erfolgsaussichten für eine gute und dauerhafte Beziehung sehr gering. Natürlich ist Ähnlichkeit in diesen Punkten nicht allein ausschlaggebend dafür, ob sich Menschen zueinander hingezogen fühlen. Auch die Chemie, auf die wir als Nächstes eingehen wollen, ist ein wichtiger Faktor.

Der CQ kann Ihnen aber sagen, ob die Aussichten für Ihre Beziehung langfristig gut sind, nachdem die erste Leidenschaft verglüht ist.

Tab. 2: Wilson Compatibility Indicator

Dieser Fragebogen ist geeignet, den Grad an Kompatibilität (Eignung für eine langfristige Bindung) in jeder Art von menschlicher Beziehung zu messen. Gehen Sie dabei folgendermaßen vor:

1. Jeder füllt den Fragebogen für sich allein aus (ohne Beratschlagung mit dem anderen).
2. Die Kästchen sind von oben nach unten anzukreuzen, je nachdem, was am besten zutrifft.
3. Errechnen Sie die Diskrepanzpunkte für jede Frage (z.B. 4 – 1 = 3).
4. Addieren Sie alle Punkte.
5. Ziehen Sie diese Summe von 100 ab und Sie erhalten den CQ.

Auswertung:

80+ = sehr kompatibel
60 – 80 = einigermaßen kompatibel
50 – 60 = weniger kompatibel
< 50 = inkompatibel

Fragebogen: Wie gut passen Sie zusammen?

Je weniger sich die Antworten eines Paares unterscheiden, desto besser sind die langfristigen Erfolgsaussichten für die Partnerschaft. Kreuzen Sie bei jeder Frage das Kästchen an, das auf Sie zutrifft.

Körpergröße	Libido	sexuelle Treue	bevorzugte Beziehungsform
☐ groß	☐ nicht vorhanden	☐ unabdingbar	☐ lockere Freundschaft
☐ überdurchschnittlich	☐ mäßig	☐ wichtig	☐ dauerhafte Freundschaft
☐ durchschnittlich	☐ durchschnittlich	☐ Ausnahmen ok	☐ kurze Affäre
☐ unterdurchschnittlich	☐ überdurchschnittlich	☐ rechne mit Affären	☐ langfristige Partnerschaft
☐ klein	☐ unersättlich	☐ offen	☐ Ehe

Körperbau	**Musikrichtung**	**Fremde Speisen**	**Im Bett bin ich**
☐ fett	☐ Rap, Reggae	☐ mag ich gar nicht	☐ unbedarft
☐ kräftig	☐ aktueller Pop	☐ ziehe einfaches Essen vor	☐ eher unerfahren
☐ normal	☐ leichte U-Musik	☐ ab und zu	☐ bisher keine Probleme
☐ schlank	☐ Jazz	☐ esse fast alles gerne	☐ versiert
☐ mager	☐ Klassik, Oper	☐ sehr gerne	☐ heißer Ofen

Mein IQ	**Lieblingssendungen im TV**	**Parties**	**Ausbildung**
☐ sehr hoch	☐ Spielshows	☐ bin lieber allein	☐ Realschule
☐ überdurchschnittlich	☐ Serien	☐ kleine Gruppen ok	☐ Gymnasium
☐ durchschnittlich	☐ Krimis, Komödien	☐ ab und zu	☐ Lehre/ Ausbildung
☐ unterdurchschnittlich	☐ ernste Filme	☐ gehe ich gerne hin	☐ Diplom
☐ niedrig	☐ Dokumentarfilme	☐ ich liebe wilde Partys	☐ akad. Grad

Mein Äußeres ist	**Ritterlichkeit ist**	**Rauchen ist**	**bevorzugte Aktivität**
☐ sehr attraktiv	☐ altmodischer Quatsch	☐ unerträglich	☐ entspannen
☐ ziemlich attraktiv	☐ unerwünscht	☐ unangenehm	☐ gemäßigt (z.B. Gartenarbeit)
☐ durchschnittlich	☐ manchmal gut	☐ für andere ok	☐ mittel (z.B. Wandern)
☐ eher unauffällig	☐ erwünscht	☐ ich rauche gelegentlich	☐ engagiert (z.B. Rucksackwandern)
☐ sehr unauffällig	☐ lebensnotwendig	☐ ich rauche stark	☐ anstrengend (z.B. Fußball)

Alkohol ist	**Religion**	**Beruf (gegenwärtig oder beabsichtigt)**
☐ inakzeptabel	☐ aktiv	☐ selbstständig (z.B. Arzt/Ärztin)
☐ bei anderen ok	☐ gelegentlich Kirche	☐ Wirtschaft (z.B. ManagerIn)
☐ ich trinke gelegentlich	☐ bete für mich	☐ SachbearbeiterIn/ VerkäuferIn
☐ ich trinke regelmäßig	☐ bete nicht	☐ Handwerk (z.B. Mechaniker)
☐ ich trinke exzessiv	☐ nicht religiös	☐ ungelernte Kraft
Politische Einstellung	**Kinder**	**beste Arbeitsteilung**
☐ sehr links	☐ mag keine Kinder	☐ er arbeitet, sie ist zu Hause
☐ linke Mitte	☐ fremde Kinder ok	☐ Teilzeit für sie ist ok
☐ Mitte/ kein Interesse	☐ egal	☐ hängt von ihren/ seinen Fähigkeiten ab
☐ rechte Mitte	☐ möchte ev. eigene	☐ sie ist berufstätig und unabhängig
☐ sehr rechts	☐ will eigene	☐ gleichberechtigte Aufteilung
Pornographie ist	**Wie wichtig ist Geld?**	**Haben Sie Ihr Leben im Griff?**
☐ abstoßend	☐ Glück kann man nicht kaufen	☐ ja, absolut (daher erfolgreich)
☐ lieber nicht	☐ möchte genug zum Leben	☐ ja, überwiegend (daher erfolgreich)
☐ ab und zu ok	☐ möchte gutes Auskommen	☐ dazwischen
☐ harmloser Spaß	☐ möchte reich sein	☐ eher weniger (Erfolg ist Glück--sache)
☐ sehr erregend	☐ möchte sehr reich sein	☐ absolut nicht (Erfolg ist Glücksache)

4

DIE CHEMIE DER LIEBE

Liebe ist ein Spiel der Hormone

Chrissy Iley[1]

Wenn es um die Liebe geht, überlässt er alles dem »Zufall und der Chemie«, sagt der Spieler Sky Masterson in dem Musical »Guys and Dolls«. Zu diesem Zeitpunkt hat er sich jedoch bereits in eine dafür höchst ungeeignete Person verliebt, nämlich in die naive Schwester Sarah, die ihr Leben der Aufgabe gewidmet hat, Sünder wie ihn aus den teuflischen Fängen des Spiels und des Alkohols zu erretten. Wie das in Musicals in der Regel ist, sieht auch ihre Geschichte nach einem Happyend aus (»Heirate den Mann heute und ändere ihn morgen.«). Doch wie sieht es in der Realität aus? Ist die Liebe wirklich nur ein Gemisch aus Zufall und Chemie? Die Forschung findet immer mehr Hinweise darauf, und selbst wenn das nicht die ganze Wahrheit ist, so spielen diese Dinge sicherlich eine immense Rolle, vor allem im Anfangsstadium einer Beziehung, wenn es darum geht, in uns die Gefühle zu erzeugen, die wir als »Liebe« interpretieren.

Gehirn und Hormone

Es wird heute im Allgemeinen davon ausgegangen, dass Hormone eine wesentliche Rolle bei der Bildung von Beziehungen spielen. Welches Hormon dabei gerade tonangebend ist, hängt von der jeweiligen Phase ab. Zunächst sind es die Sexualhormone und die Pheromone, dann Adrenalin und Noradrenalin, die in uns das Gefühl der Aufregung auslösen. Beginnt das Ganze allmählich den Charakter einer Beziehung anzunehmen, übernimmt eine andere Gruppe von

Hormonen die Leitung, nämlich bindungsfördernde Stoffe wie Oxytozin und Vasopressin, möglicherweise auch Endorphine. Das mengenmäßige Verhältnis der Hormone bzw. Hormongruppen untereinander ist von Mensch zu Mensch verschieden, und auch bei jedem Einzelnen ist es nicht immer gleich. Die Evolution hat dies wie immer unter der Priorität der Fortpflanzung und des Überlebens der Gene entwickelt.

Will man etwas über die Rolle der Hormone erfahren, muss man zunächst nach ihrem Wesen und ihrer Funktion fragen. Mittlerweile wurden etwa 200 verschiedene Hormone identifiziert, die von im ganzen Körper verteilten Drüsen in die Blutbahn abgegeben werden und durch komplexe Feedback-Systeme, die auch das Gehirn miteinbeziehen, gesteuert werden. Diese chemischen Stoffe regulieren viele Vitalfunktionen, wie beispielsweise Wachstum, Verdauung, Schlaf, Wachzustand und eben auch viele Aspekte hinsichtlich Sexualität und Vermehrung. Andere Stoffe wie Neurotransmitter (oder chemische Botenstoffe) ermöglichen Wahrnehmung und Emotionen sowie Funktionen des Gehirns und des Nervensystems, während Pheromone Teil des Geheimnisses des Sexappeals einer Person sein könnten.

Ein Ungleichgewicht der Körperchemie kann nicht nur zu organischen Störungen führen, wie Erkrankungen der Schilddrüse oder Diabetes, sondern kann sich auch nachhaltig auf die Stimmung und das allgemeine Wohlbefinden eines Menschen auswirken. Klinische Depressionen werden z.B. häufig auf einen Mangel an den Neurotransmittern Serotonin und Norepinephrin oder auch auf eine Störung des Gleichgewichts der verschiedenen weiblichen Sexualhormone zurückgeführt, auch wenn sich die Wissenschaft hier im Einzelnen noch nicht über die genauen Ursachen im Klaren ist. Weil Hormone aber sowohl unseren Körper als auch unsere Psyche in der unterschiedlichsten Art und Weise beeinflussen können, ist es plausibel, dass sie auch für einen Großteil der Symptome und Gefühle verantwortlich sind, die wir mit Liebe assoziieren. Aber wie lösen sie diesen Sturm der Gefühle in uns aus?

Die erste Begegnung

Bei der ersten Begegnung mit einem potenziellen Partner bestimmen viele Faktoren, ob wir ihn oder sie sexuell attraktiv finden. Viele Psychologen sind wie der Sexologe John Money von der Johns Hopkins University der Ansicht, dass wir alle eine Art Modell in unserem Kopf abgespeichert haben, das wir mit uns herumtragen.[2] Mehr oder weniger unbewusst vergleichen wir unser Gegenüber mit diesem Modell, prüfen, ob unsere Kriterien erfüllt werden, und schätzen seine Attraktivität für uns ab. Vermutlich entwickeln wir unsere Vorstellungen und damit unser Modell schon recht früh. Treffen wir dann später auf jemanden, der dem Modell gut zu entsprechen scheint, schüttet unser Körper einen ganzen Cocktail an chemischen Substanzen aus, der uns den Atem nimmt und die Sprache verschlägt.

Dieser innere Tumult geht auf die Ausschüttung von Phenylethylamin (PEA) in unserem Gehirn zurück, dessen Wirkung auf unsere Stimmung der von Amphetaminen ähnelt.[3] Herz- und Atemfrequenz nehmen zu, der Blutdruck steigt, die Haut wird stärker durchblutet, vielleicht fangen sogar die Hände an zu schwitzen. Verantwortlich hierfür ist der Ausstoß von Adrenalin und Noradrenalin, den Stresshormonen, die an anderer Stelle auch für unsere Kampf- oder-Fluchtreaktion in gefährlichen Situationen sorgen. In diesem physisch und psychisch angeregten Zustand erweitern sich die Pupillen und der Muskeltonus erhöht sich. Wir nehmen die Schultern zurück und spannen die Bauchmuskeln an. Diese Veränderungen lassen uns für unser Gegenüber noch attraktiver erscheinen, auch wenn er oder sie das kaum bewusst wahrnimmt. Vor allem die Wirkung der erweiterten Pupillen ist, wie wir bereits gesehen haben, beträchtlich.[4]

Dieser chemische Cocktail löst in unserem Organismus ein Gefühl der Euphorie aus, sodass wir die Person, die das bewirkt, unbedingt wiedersehen und mehr von ihr haben wollen. Wie bei Drogen ist ein Entzug ausgesprochen unangenehm. Wir fühlen uns miserabel und sind wie gelähmt. Viele von uns greifen dann zu Schokolade, was vermutlich kein Zufall ist, wenn man bedenkt, dass darin PEA-ähnliche Substanzen enthalten sind. Diese Hypothese wird allerdings auch bezweifelt, da in der Nahrung enthaltenes PEA vom Organismus rasch aufgespalten wird und das Gehirn möglicherweise gar nicht erreicht. Der schnelle und ausgeprägte Anstieg bzw. Abfall dieser Substanzen im Körper ist jedoch die sehr wahrscheinliche Ursache für die Achterbahn der Gefühle, die eine ansonsten vernünftige Person unter dem Einfluss der Liebe durchlebt und die sie anderen fremd und nicht immer angenehm macht.[5]

Bei dem Versuch, mehr darüber zu erfahren, was in den Gehirnen verliebter Menschen vor sich geht, wurden in der University of London 17 junge Frauen und Männer getestet, die sich in den vorausgegangenen sechs bzw. zwölf Monaten verliebt hatten.[6] Bei allen wurde ein Gehirnscan vorgenommen, um Veränderungen der Durchblutung zu messen, während sie zunächst ein Bild des bzw. der Liebsten betrachteten und dann Bilder von jeweils drei gleichgeschlechtlichen

Freunden. Die Gehirnscans ergaben eine deutlich höhere Aktivität in verschiedenen Hirnregionen bei der Betrachtung der geliebten Person, z.B. im vorderen Kortexbereich, der auch beim Konsum von euphorisierenden Drogen aktiv ist. Auch andere Bereiche der Basalganglien waren sehr aktiv. Man nimmt an, dass sie am positiven Feedback von Erlebnissen beteiligt sind und eine Rolle im Prozess des Abhängigwerdens spielen. Interessanterweise waren aber auch einige Hirnregionen weniger aktiv, beispielsweise der hintere Gyrus cinguli, der mit Gefühlen der Traurigkeit in Verbindung gebracht wird, oder der rechte vordere Stirnlappenbereich, der bei depressiven Menschen verstärkt aktiv ist.

Liebe und Obsession

Der Eindruck, dass das Gehirn verliebter Menschen in seinen Funktionen »gestört« ist, wurde durch eine 1999 von Donatella Marazziti und anderen von der Universität Pisa veröffentlichten Studie bestätigt.[7] Sie waren von der Hypothese ausgegangen, dass zwischen den Gehirnen verliebter Menschen und Menschen mit Zwangsneurosen (dem unwiderstehlichen Drang, bestimmte Dinge immer wieder zu tun, wie Hände waschen oder das Überprüfen von geschlossenen Fenstern und Türen) Ähnlichkeiten bestehen. Sie nahmen Blutproben von 20 frisch verliebten Studenten und Studentinnen und stellten fest, dass der Spiegel eines bestimmten Proteins, das die Wirkung des Neurotransmitters Serotonin unterstützt, etwa 40 Prozent geringer war als normal und damit ähnlich wie bei Personen mit Zwangsstörungen. Die Zellen, die auf diesen Neurotransmitter angewiesen sind, befinden sich im Limbischen System, das Gefühle wie Furcht,

Zorn, Aggression, Schmerz und sexuelle Erregung entstehen lässt. Welche Schlussfolgerungen man aus diesem Befund ziehen kann, ist jedoch nicht ganz klar. Es scheint jedoch, als haben zumindest Teile der Gefühle und des Verhaltens im Zustand der Verliebtheit etwas mit dem Serotoninspiegel im Gehirn zu tun und weisen gewisse Parallelen zu Zwangsneurosen auf.

Pheromone

Die Rolle der Pheromone bei der sexuellen Anziehung wird bereits seit langem erforscht. Die natürlichen Pheromone werden in den Schweißdrüsen der Achselhöhlen und der Leisten gebildet und werden mehr oder weniger unbewusst von anderen wahrgenommen. Wie wir wissen, riechen Frauen und Männer ohne Deodorants anders. Der Geruch von Frauen wird als süßlich, der von Männern eher als moschusartig beschrieben. Pheromone wirken aber auch, ohne dass wir sie bewusst als Geruch wahrnehmen.

Die Sensibilität für Pheromone ist von Mensch zu Mensch sehr unterschiedlich und ebenso die Reaktion darauf. David Giles hat sich mit neueren Forschungsarbeiten zur Rolle der Pheromone bei der menschlichen Sexualität befasst.[8] Eine interessante Studie dazu stammt von D. B. Gower von der London University, der die Reaktion von Leuten auf verschiedene Pheromone der Gruppe Androsteron, die im Achselschweiß vorkommen, untersuchte. Von denjenigen, die sie bewusst wahrnehmen konnten, mochten einige den Geruch, während andere höchst empfindlich darauf reagierten und sich sogar abgestoßen fühlten. Andrew Scholey von der University of Northumbria untersuchte die Wirkung von Achselschweißpheromonen bei der Attraktivitätsbeurteilung von Skizzen einzelner Frauen und Männer. Sowohl Frauen als auch Männer empfanden die Skizzen des anderen Geschlechts attraktiver, wenn Pheromone im Spiel waren.

Karl Grammer und Astrid Juette von der Universität Wien fanden ähnliche Effekte, als sie Männer baten, die Attraktivität von Frauenfotografien zu beurteilen. Man hatte absichtlich ein paar Frauen darunter gemischt, die nach gängiger Meinung eher weniger attraktiv waren.[9] Die Frauen auf den Fotos wurden unter dem Einfluss von weiblichen Pheromonen (Kopuline) attraktiver empfunden, wobei der Effekt bei sonst eher als unattraktiv empfundenen Frauen besonders deutlich war. Eine der Wirkungen von weiblichen Pheromonen scheint also zu sein, dass sie Männer weniger wählerisch machen.

Natürlich wurden diese Studien unter Laborbedingungen durchgeführt, sodass man im Alltag nicht zwangsläufig dieselben Ergebnisse erhalten muss. So berichtete Karl Grammer, dass synthetische Pheromone nicht die gewünschte Wirkung, sondern im Gegenteil manchmal sogar eine nachteilige Wirkung entfalteten, denn der Träger fühlte sich überhaupt nicht besonders sexy, sondern eher traurig. Es gab aber auch Studien, bei denen die synthetischen Pheromone zu funktionieren schienen. Forschungsgruppen am Brooklyn College sowie an den Universitäten von New York und San Francisco untersuchten die Wirkung von synthetischen Pheromonen, die am Athena Institute in Pennsylvania hergestellt worden waren. Man wählte 38 männliche Probanden, von denen 17 ohne ihr Wissen ein Aftershave mit Pheromonen erhielten. Zunächst befragte man die Probanden über ihr Liebesleben zwei Wochen vor Beginn der Studie und beobachtete sie dann im Verlauf der Studie. Fast die

Hälfte der Männer (41 Prozent) aus der Pheromongruppe berichtete über ein aktiveres Liebesleben, aber nur 9,5 Prozent aus der Kontrollgruppe. Die »Pheromonmänner« wurden nicht nur öfter geküsst und gestreichelt, sie hatten auch mehr Sex.[10]

Es scheint plausibel, dass natürliche Pheromone die sexuelle Attraktivität beim Menschen erhöhen. Schließlich wirkt das bei anderen Säugetieren ebenfalls, wenn auch noch nicht geklärt ist, wie das genau funktioniert. Man vermutet jedoch, dass Pheromone auf ein bestimmtes Areal im Limbischen System wirken. Frauen reagieren auf Pheromone an ihren fruchtbaren Tagen, d.h. an den Tagen rund um den Eisprung, besonders stark und empfinden sie als angenehm.[11] Männer wiederum reagieren besonders auf die Pheromone, die die Frauen in dieser Zeit produzieren. Tierversuche haben jedoch gezeigt, dass sich die Rolle der Pheromone bei der Fortpflanzung nicht nur auf Stimulanz und Reaktion beschränkt. Bisher hat die Wissenschaft aber noch kein genaues Bild davon, was Pheromone noch alles bewirken.

Die Sexualhormone

Die weiblichen Sexualhormone Östrogen und Progesteron sowie das männliche Sexualhormon Testosteron sind an der Ausprägung der menschlichen Libido beteiligt. Die meisten Frauen wissen, dass ihre Bedürfnisse im Verlauf ihres Menstruationszyklus' schwanken und häufig um die Zeit des Eisprungs am stärksten sind, nämlich dann, wenn der Östrogenspiegel am höchsten ist. Bei manchen Frauen kommt es kurz vor oder kurz nach der Periode zu einem zweiten Hoch. Beim Sex steigt der Spiegel ebenfalls und ist allgemein erhöht, wenn die Frau regelmäßig Verkehr hat. Das Sexualhormon DHEA (Dehydroepiandrosteron) wird von der Nebenniere ausgeschüttet und steigt vor und während eines Orgasmus auf das Drei- bis Fünffache. Man vermutet, dass es das sexuelle Verlangen steigert. Interessanterweise ist eine Frau meist auch fruchtbarer, wenn sie regelmäßig Sex hat.

Bei Jungen erreicht die Testosteronproduktion während der Pubertät ein Maximum, was erklärt, warum sie in dieser Zeit so sehr mit dem Thema Sex beschäftigt sind. Auch Frauen produzieren Testosteron in den Eierstöcken und in der Nebenniere, wenn natürlich auch in sehr viel geringeren Mengen. Testosteron ist sowohl bei Männern als auch bei Frauen der Motor für das sexuelle Verlangen. Wie das Östrogen auch, steigt die Produktion von Testosteron bei Frauen um die Zeit des Eisprungs. Wenn Männer monogam in einer dauerhaften Beziehung leben, sinkt ihr Testosteronspiegel, vermutlich, weil sie sich nicht mehr ständig um eine Sexpartnerin bemühen müssen. Es ist ein betrüblicher Aspekt der Ehe, wenn man bedenkt, dass der Testosteronspiegel auch bei Männern, die lange Zeit im Gefängnis sitzen, und bei Männern mit Depressionen abfällt. Aus offensichtlichen ethischen Gründen wurde ein Großteil der Erforschung von Sexualhormonen und sexueller Aktivität an Tieren und nicht an Menschen vorgenommen. Zwar geben die Ergebnisse Hinweise auch für den Einfluss, den Sexualhormone auf das menschliche Sexualverhalten ausüben, aber die Wissenschaft warnt vor voreiligen und vereinfachenden Schlüssen. Schließlich setzt der Mensch seinen biologischen Impulsen durch seinen Intellekt und durch die Regeln der Gemeinschaft, in der er lebt, Grenzen. Selbst wenn ein Mann genetisch darauf programmiert ist, mit jeder Frau zu schlafen, derer er habhaft werden kann, würden weder sein bewusstes Selbst noch die betroffenen Frauen oder die Gesellschaft als Ganzes dieses Verhalten akzeptieren. Und die wenigsten Frauen beschränken ihr Liebesleben auf die Zeiten ihrer größten Fruchtbarkeit und damit der größten Wahrscheinlichkeit einer Empfängnis, ganz abgesehen davon, dass in Zeiten der hormonellen Kontrazeption die natürlichen Hormonschwankungen außer Kraft gesetzt sind.

Zufriedenheit und Bindung

Man weiß seit langem, dass Oxytozin, ein von der Hypophyse ausgeschüttetes Hormon, an der Entstehung von Wehen mitwirkt. Man nutzt daher synthetische Formen des Oxytozins als Wehenmittel. Auch während des Stillens wird es ausgeschüttet und hat sowohl bei Frauen als auch bei Männern sexuelle und emotionale Bedeutung.[12] Neben den bekannten körperlichen Wirkungen, wie Stimulierung der Muskelkontraktion und Steigerung der Reizempfindlichkeit der Nervenzellen, scheint Oxytozin auch eine emotionale Wirkung zu haben, indem es Gefühle der Verbundenheit und Nähe verstärkt, weshalb man es auch scherzhaft »Kuschelsubstanz« nennt.

Es wirkt nicht nur nach dem Koitus, sondern steigert vermutlich vor allem vor dem Sex das Verlangen. Bei beiden Geschlechtern steigt die Konzentration dieses Stoffes im Blut während des Küssens und kann auf dem Weg zum Orgasmus im Moment der Ejakulation auf das Drei- bis Fünffache ansteigen. Bei der Frau sogar noch weiter, wenn sie einen Orgasmus hat. Vielleicht ist es dieses Hormon, das in uns ein Gefühl der Euphorie auslöst und uns dem Partner nach dem Sex so nahe fühlen lässt.

Die Ausschüttung dieses Hormons auch während des Stillens erklärt die besondere Nähe, die Frauen dabei ihrem Baby gegenüber fühlen. Aus der Sicht der Evolution ist dies eine durchaus sinnvolle Einrichtung, schafft sie doch damit eine Art Belohnung für die Sorge um das Kind und einen Anreiz für das Stillen. Das Gleiche gilt möglicherweise für die Erwachsenen, indem das Hormon hier eine Verbundenheit verstärkt, die sie veranlasst zusammenzubleiben und gemeinsam für den Nachwuchs zu sorgen.

Helen Fisher hält Oxytozin für den »Klebstoff«, der Paare zusammenhält, nachdem die erste durch die Sexualhormone produzierte Leidenschaft nachgelassen hat.[13] Man hat bei Frauen einen besonders hohen Oxytozinspiegel zwischen 20 und 30 beobachtet, also dann, wenn ihr biologisch gesteuerter Impuls, Kinder zu haben, am ausgeprägtesten ist. Mit abnehmender Wahrscheinlichkeit, Kinder in die Welt zu setzen, und mit abnehmender Notwendigkeit, sich an einen Versorger zu binden, sinkt auch der Hormonspiegel. Umgekehrt bei Männern. Hier sinkt der Testosteronspiegel mit dem Alter und damit auch die Libido, sodass das Oxytozin an Einfluss gewinnen kann und manche Männer zu einem ruhigeren und partnerorientierteren Leben finden.

Viele dieser Oxytozineffekte werden durch Vasopressin, ein weiteres von der Hirnanhangdrüse freigesetztes Hormon, verstärkt. (Es wird gelegentlich auch als Adiuretin oder ADH – antidiuretisches Hormon – bezeichnet.) Es wirkt auch auf den Stoffwechsel und stimuliert die Milchbildung. Genau wie Oxytozin steigt seine Konzentration auf dem Weg zum Orgasmus. Es unterdrückt andere Empfindungen, wie z.B. Hunger, und konzentriert den Körper ganz auf das sexuelle Geschehen. Vasopressin scheint außerdem das Gefühl der Befriedigung und die Zuneigung zum Partner zu stärken. Man nimmt sogar an, dass es mit dem Ablegen und der Konservierung von Erinnerungen zu tun hat und damit auch mit der Bildung starker Assoziationen zwischen einer bestimmten Person und Orten, Gerüchen oder Melodien, wie sie alle Paare kennen.

Durch die Art und Weise wie sie unsere Gefühle für unseren Partner beeinflussen, gelten Oxytozin und Vasopressin als wichtige Faktoren für den Erhalt von Partnerschaften über die anfängliche Verliebtheit hinaus.

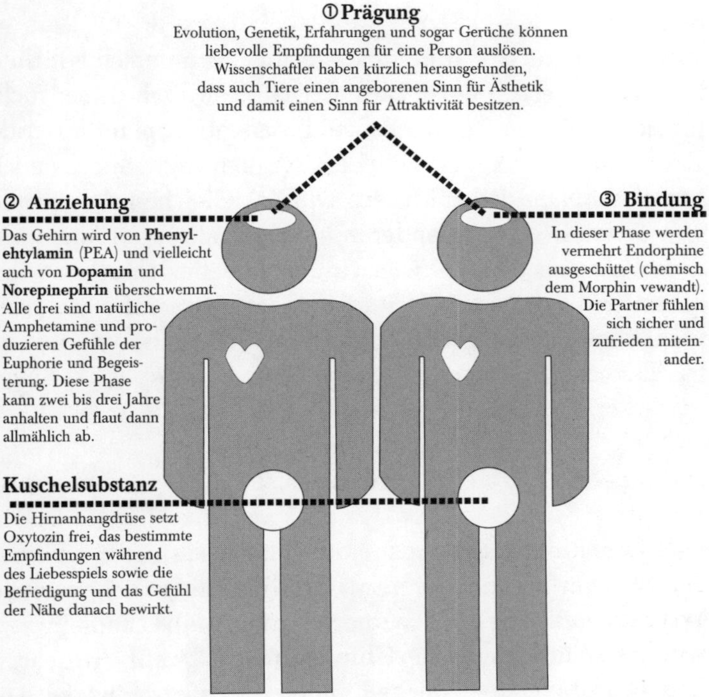

Abb. 4: Die Phasen der Liebe und die dabei aktiven Substanzen (aus: Time Magazin, 15. Februar 1993 auf der Grundlage von Daten von Helen Fisher, 1992).

Es wird vermutet, dass der Mensch solche chemischen Mechanismen im Verlauf der Evolution entwickelt hat, damit die Versorgung der Nachkommen gesichert ist, solange diese noch unselbstständig sind. Die Natur »besticht« uns zum Zwecke der Fortpflanzung und des Erhalts der »egoistischen Gene«[14] sehr wirkungsvoll mit Gefühlen von Liebe und Befriedigung. Man nimmt deshalb heute an, dass bestimmte Störungen wie Autismus, bei dem der betroffene Mensch nicht in der Lage ist, Kontakt zu anderen herzustellen, auf einem Mangel an Oxytozin und Vasopressin beruhen.[15]

Wie andere Erklärungsansätze für die unterschiedlichen Phasen im Verlauf einer Partnerschaft, soll auch dieser nicht für sich allein gelten. Keiner von ihnen gibt eine umfassende Erklärung für das menschliche Verhalten und kann es auch gar nicht. Nicht jeder Mensch will das Gleiche oder verhält sich genauso wie alle anderen, und uns alle bestimmen andere Faktoren in dem, wie wir Sex und Beziehungen wünschen und erleben. Wir sind unserer Körperchemie zwar nicht sklavisch ausgeliefert, aber auch niemand von uns ist frei davon.

Küssen

»A kiss is just a kiss … as time goes by …«, singt der Pianist Sam in dem berühmten Film »Casablanca«. Falsch, sagt die Wissenschaft. Gus McGrouther, der 1994 eine Studie in der Abteilung für Plastische Chirurgie am Phoenix Research Unit des University College London durchführte, ist der Ansicht, dass ein leidenschaftlicher Kuss fast alle Muskeln im Körper einbezieht.[16] Er setzte Laser, Scanner und Elektroden ein, um herauszufinden, was während eines Kusses geschieht, und er stellte fest, dass es sich doch um eine recht komplexe Angelegenheit handelt. Elektrische Messungen zeigten, dass alle 34 Gesichtsmuskeln bei einem Kuss aktiv sind und ihre Bewegungen mittels elektrochemischer Signale aus dem Gehirn gesteuert werden, und zwar aus dem Bereich des Gesichtsnervs. Die Lippen sind vollgepackt mit hochsensiblen Nervenenden, die Signale an einen großen Bereich der Großhirnrinde senden, wo sie angenehme Gefühle und sexuelles Verlangen auslösen.

Wird der Kuss intensiver, werden die Lippen verstärkt durchblutet und schwellen an – wie auch andere Teile des Körpers, nämlich Brustwarzen und Genitalien. Der so genannte Zungenkuss mit offenem Mund, bei dem die Zunge in den Mund des anderen eindringt, imitiert ganz offensichtlich den sexuellen Akt. Dabei wird Spucke ausgetauscht, Pheromone und bindungsfördernde Stoffe kommen ins Spiel und verstärken die sexuelle Erregung und die Liebe.

Da Küssen in unserer Gesellschaft als ein vollkommen natürlicher, normaler und höchst angenehmer Aspekt von Liebe und Sex betrachtet wird und da unsere Lippen und Gesichtsmuskeln so gut dafür geeignet sind, erstaunt es eigentlich, dass leidenschaftliches Küssen durchaus nicht überall auf der Welt geschätzt wird. In Polynesien z.B. berührt man Wangen oder Nase und kann so den Geruch des anderen wahrnehmen. Man kann für diese gemäßigte Variante durchaus Verständnis haben, wenn man bedenkt, dass durch einen Kuss von Mund zu Mund schließlich auch Krankheiten übertragen werden können. Doch gerade das Beiseiteschieben solcher Bedenken bei *der* einen Person macht das Küssen zu einem so intimen Vorgang.

Liebessüchtig?

Vor einer Weile gab es eine ganze Reihe von Medienberichten, wonach einige Berühmtheiten, wie z.B. Michael Douglas, wegen »Sexsucht« klinisch behandelt werden mussten (Douglas hat das übrigens immer bestritten). Es wurde auch niemals deutlich, was diese Sucht ausmachen soll und ob sie, falls sie denn tatsächlich existiert, heilbar ist. Vorstellbar ist eine solche Sucht jedoch durchaus. Die körperlichen und emotionalen Empfindungen in der Verliebtheit, die Spannung der Eroberung und das Hochgefühl beim Sex sind außerordentlich stark und werden in ihrer Wirkung oft in ähnlicher Art beschrieben wie Berichte über die Wirkung von Kokain oder Amphetaminen.

Wir haben oben beschrieben, wie die Flut von Hormonen und Neurotransmittern beim sich Verlieben oder beim Sex mit einem neuen Partner eine ganze Reihe von körperlichen Reaktionen auslöst, sodass man sich selbst wie einen völlig anderen Menschen erlebt. Der schnelle Puls, die »Schmetterlinge im Bauch« und das emotionale Auf und Ab bewirken, dass wir uns lebendig fühlen und den Eindruck gewinnen, als gebe es neben dem Alltag noch ein zweites Leben. Substanzen wie Adrenalin, Noradrenalin und vor allem Phenylethylamin produzieren ein Hochgefühl, das dem durch Drogen erzeugten durchaus ähnlich ist.[17]

Dieser Zustand dauert aber nicht ewig, und wenn die Beziehung nach einigen Wochen und Monaten in ruhigeres Fahrwasser steuert, spürt manch einer Entzugserscheinungen wie ein Abhängiger, dem man das Kokain oder das Amphetamin weggenommen hat. Der Körper gewöhnt sich an die natürlichen Stimulanzien und braucht, genau wie bei künstlichen Drogen auch, immer größere Mengen, um die gleiche

Wirkung zu erzielen. Leider sind der körpereigenen Produktion von solchen Substanzen wie beispielsweise Phenylethylamin Grenzen gesetzt, sodass »die Landung« irgendwann zwangsläufig erfolgt. Wie bereits erwähnt, ist zwar auch in Schokolade Phenylethylamin enthalten, doch wie viel Sie auch davon essen mögen, sie wird niemals die gleiche Wirkung haben wie die körpereigenen Stoffe.

Bedauerlicherweise sinkt auch die sexuelle Erregungskurve mit der Dauer der Beziehung. Die wenigsten Paare sind in der Lage, die Intensität der anfänglichen Leidenschaft dauerhaft zu erhalten. Trotzdem kann das Liebesleben über Jahre hinweg erfüllend und befriedigend sein, auch wenn es sich in seiner Art verändert, da die Körperchemie die Partner nun auf Verbundenheit und Nähe und weniger auf flammende Leidenschaft und Verlangen programmiert.

Michael Liebowitz vom New York State Psychiatric Institute zufolge können manche Menschen diese Veränderung der Beziehung nicht akzeptieren. Er hat ihnen den Namen »attraction junkies« gegeben.[18] Für sie zählt nur der Höhenflug der Verliebtheit mit Herzklopfen und Euphorie. Lässt dieser nach, begeben sie sich auf die Suche nach einem neuen Partner. Verbundenheit und Nähe bedeuten ihnen nichts. Insofern ähneln sie Drogenabhängigen. Für sie ist Liebe die Droge, und sie sind davon abhängig.

Sinn für die Proportion

Niemand leugnet heute den Einfluss der Körperchemie auf die menschliche Sexualität, trotzdem gehört noch mehr dazu. Es gibt z.B. Partnerschaften, die sich eher langsam und stetig entwickeln und nicht diesem Rausch der Gefühle entspringen, wie wir ihn weiter oben beschrieben haben. Man kann sich auch verlieben, indem man den anderen ganz allmählich erkundet und immer besser kennen und immer mehr schätzen lernt. Es muss nicht immer eine Explosion vorausgehen. Der Psychiater Mark Goulston von der University of California, Los Angeles, macht eine interessante Unterscheidung. Bei der anfänglichen Liebe schätzt man den anderen für die Gefühle, die er in einem auslöst. Bei der reifen Liebe schätzt man den anderen als Person, so wie er oder sie ist.[19] Diese Unterscheidung ist wichtig, denn wenn man ganz in dem emotionalen Auf und Ab aufgeht, das ganz wesentlich zur Verliebtheit gehört, können Urteilsvermögen und Wahrnehmung stark verzerrt sein. Man kann nicht mehr klar denken, da alle Vernunft gegen die Aufregung und Euphorie keine Chance hat. Zwangsläufig gilt die Aufmerksamkeit den eigenen Gefühlen und nicht der Person, die sie auslöst. Die meisten von uns kennen das. Die anfängliche Begeisterung lässt nach, und die Realität tritt immer klarer zutage. Deshalb mündet auch nicht jede Begegnung – und sei sie anfangs noch so leidenschaftlich – in eine dauerhafte und tiefe Liebesbeziehung.

Worauf kommt es also neben der Körperchemie noch an? Vermutlich gibt es darauf so viele Antworten wie Liebespaare und Dichter, Schriftsteller und Liedermacher, die ihre Ansichten dazu seit Jahrhunderten kundgetan haben. Ob sie sich nun in einem Irrtum befinden oder nicht, die meisten Menschen sind der Überzeugung, dass sie »irgendwie« doch mehr sind als eine Ansammlung von hormongesteuerten Zellen. Egal, was die Wissenschaft sagt, sie glauben, dass mehr zur Liebe gehört als nur Hormone und elektrische Impulse.

5

SPIELARTEN DER LIEBE

Mich ziehen schlanke, große und gut aussehende Männer an,
die alle eines gemeinsam haben.
Es sind allesamt Mistkerle.

Edna O'Brien

Man muss am Valentinstag lediglich in der Zeitung die Seiten mit den persönlichen Grüßen lesen, um einen Einblick in die geheime Sprache der Liebe zu bekommen. Kosenamen, geheimnisvolle Anspielungen, Insiderwitze, Lieder oder Gedichte werden vermischt mit Leidenschaft, Sinnlichkeit – und der Verzweiflung derer, deren Liebe nicht erwidert wird. Trifft man einen dieser Inserenten in einer alltäglichen Situation, wird man vermutlich nichts von dieser romantischen, verspielten oder leidenschaftlichen Seite an ihr oder ihm entdecken. Doch selbst die konventionellste oder nach außen hin sehr rationale Person hat solche Seiten und kann sich dem geliebten Partner gegenüber vollkommen anders verhalten. In der romantischen Liebe kommen Verhaltensweisen und Beziehungsmuster aus unseren Kindertagen wieder zum Vorschein.

Bindungstheorie

Anhänger dieser Theorie glauben, dass es einen direkten Zusammenhang zwischen den emotionalen Bindungen gibt, die ein Kleinkind zur ersten Bezugsperson aufbaut, und der Liebesbeziehung, die es als Erwachsene/r haben wird. In seinen viel beachteten Büchern schreibt John Bowlby, dass bereits Babys ein starkes angeborenes Bedürfnis nach emotionaler Bindung haben. Dadurch stellen sie sicher, dass sich jemand um sie kümmert, und erhöhen ihre Überlebenschancen.[1] Die Intensität, mit der sich um die Bedürfnisse des Kindes gekümmert wird, beeinflusst seine emotionale Entwicklung in der Jugend und im Erwachsenenalter. Je stärker ein Kind auf die Fürsorge vertrauen kann (bzw. auf die Bezugsperson, was immer noch in der Mehrzahl der Fälle die Mutter sein wird), desto mehr Vertrauen wird es insgesamt später seinem Umfeld entgegenbringen. Lernt das Kind aber umgekehrt, dass es sich nicht darauf verlassen kann, dass sich jemand um seine Bedürfnisse kümmert, und lernt es nicht, seiner Bezugsperson zu vertrauen, wird sich das in späteren Liebesbeziehungen widerspiegeln. Die solchermaßen während der Kindheit aufgebauten Erwartungen sind sehr beständig.

Auf dieser Grundlage wurden drei Bindungsformen klassifiziert, wobei wohl die wenigsten Menschen streng genommen in nur eine Kategorie passen.[2] Menschen mit einem sicheren Bindungsstil haben meist ein positives Bild von sich und anderen, schätzen emotionale Nähe zum Partner und fürchten sich nicht vor gegenseitiger Abhängigkeit. Menschen mit einem vermeidenden Beziehungsstil werden zu große Intimität und Nähe meiden und haben Schwierigkeiten, einem Partner vollkommen zu vertrauen. Menschen mit einem ängstlichen Beziehungsstil können dem Partner gar nicht nahe genug kommen und fürchten ständig, ihn zu verlieren. Wie der persönliche Beziehungsstil eines Menschen aussieht, offenbart sich darin, wie viel er in einer Partnerschaft zu nehmen und zu geben bereit ist.[3] Jemand mit einem sicheren Beziehungsstil kann problemlos Hilfe annehmen und gewähren, während jemand mit einem vermeidenden Beziehungsstil sich da erheblich schwerer tut. Es ist deshalb nicht verwunderlich, dass Paare mit einem sicheren Beziehungsstil im Gegensatz zu jenen mit einem ängstlichen in der Regel zufriedener sind und ein relativ hohes Selbstwertgefühl haben.[4] Ein vermeidender Beziehungsstil bei Erwachsenen kann auf Misshandlung oder Missbrauch in der Kindheit hindeuten.[5]

Da emotionale Beziehungen im Erwachsenenalter auf den Erfahrungen der Kindheit beruhen, möchte ich an dieser Stelle kurz einfügen, dass Kindersprache, Kosenamen, Händchenhalten und Ähnliches zwischen erwachsenen Liebenden ihre Erfahrungen als Kinder widerspiegeln und eine Möglichkeit darstellen, eine ähnlich vertraute und enge Beziehung noch einmal zu erleben.

Farbkombinationen

Es ist mittlerweile viel darüber geforscht worden, wie Menschen sich verhalten, wenn sie verliebt sind, warum sie sich verlieben und inwiefern sie sich darin voneinander unterscheiden. Es ist offensichtlich, dass es viele Formen der Liebe gibt, viel weniger offensichtlich ist hingegen ihre jeweilige Definition und Abgrenzung voneinander. Einer der Pioniere auf diesem Gebiet war John Lee, dessen 1976 erschienenes Buch »The Colors of Love« auch für Laien verständlich erklärt, dass sich Liebe hauptsächlich in drei primäre (analog zu den drei Primärfarben) und drei sekundäre Kategorien einteilen lässt, die sich mischen und überlappen.[6] Die Beziehung zu meinem Partner hängt also zum einem von der »Farbe« der Liebe ab, die ich für ihn fühle, wird aber auch von der »Farbe« der Liebe beeinflusst, die er für mich fühlt. Harmonieren die Farbtöne nicht, wird es eher Konflikte und Leid oder ein schnelles Ende der Partnerschaft geben. In einer neueren Analyse kam Lee auf acht Liebesstile, von denen er jeweils eine kurze Definition gab sowie die dazugehörigen typischen Einstellungen und Verhaltensweisen skizzierte.

- *Eros:* Man will den anderen kennen lernen, und zwar möglichst schnell, intensiv – und nackt. Man ist sich der Macken und möglicher Mängel des anderen durchaus bewusst. Man drückt seine Zuneigung durch Worte und Berührungen aus.
- *Ludus:* Verspielte Liebhaber ohne besondere Aufregung und vor allem ohne Liebe. Man sieht sich lieber nicht zu oft, um den Reiz zu verlängern und um zu vermeiden, dass man sich zu sehr engagiert. Man geht eifersüchtigen Partnern aus dem Weg, sie verderben nur den Spaß an der Sache.
- *Storge:* Man schreckt vor zu heftigen Gefühlen beim Gegenüber eher zurück und zieht es vor, über gemeinsame Interessen statt über geteilte Gefühle zu sprechen. Gegenseitige Liebe ist kein Selbstzweck, sondern ein Aspekt der größeren Lebensziele Freundschaft und Familie.
- *Manie:* Man scheint den Verstand verloren zu haben und geht bis zum (manchmal absurden) Äußersten, um sich gegenseitig seine Liebe zu beweisen. Liebesbeweise wechseln ab mit Phasen des Rückzugs, in denen – häufig vergeblich – versucht wird, wieder Herr seiner Sinne zu werden. Man neigt zu extremer Eifersucht und fordert vom Partner, seine Liebe und Verbundenheit stärker zu zeigen.
- *Pragma:* Man vermeidet, über die Zukunft und die Beziehung zu sprechen, bis man den Partner gut genug zu kennen glaubt. Man lehnt Liebesbezeugungen in der Öffentlichkeit ab und hasst Eifersuchtsszenen, schätzt aber Zeichen der Aufmerksamkeit und der Verbundenheit.

- *Storgischer Eros:* Man sieht in der Liebe eine Verpflichtung gegenüber anderen. Obwohl man froh ist, wenn die Liebe erwidert wird, ist man weder eifersüchtig noch besitzergreifend. Man fordert keine Liebesbeweise und legt keinen großen Wert auf Sex. Zärtlichkeit und Zuneigung stehen höher im Kurs.
- *Ludischer Eros:* Gefühle werden so gezeigt, dass klar ist, dass sie nicht ausschließlich auf einen Partner gerichtet sind. Eifersucht und Besitzansprüche werden vermieden. Ist eine Beziehung nicht länger befriedigend, wird sie beendet. Liebe wird als kreative Erfahrung und Spaß für alle Beteiligten betrachtet.
- *Storgischer Ludus:* Man muss den Partner nicht unbedingt lieben und ist deshalb weder eifersüchtig noch besitzergreifend. Gefühle werden nicht besonders hervorgehoben und haben keine große Bandbreite. Man legt sich auf keinen längeren Zeitraum fest.

Nach Lee kommen Paare mit der gleichen Einstellung zwar anfänglich hervorragend miteinander klar, können aber leicht gelangweilt werden. Eine Beziehung, in der die Liebesstile zwar nicht identisch, aber kompatibel sind, haben langfristig die größeren Erfolgsaussichten. Liegen die Bedürfnisse und Erwartungen andererseits zu weit auseinander – z.B. bei Ludus und Manie – kann die Beziehung traumatische Formen annehmen, was keinesfalls bedeutet, dass solche Kombinationen selten sind!

Man kann durchaus Spaß daran haben – und dabei zu einiger Selbsterkenntnis gelangen – herauszufinden, in welche Kategorie man selbst und gegenwärtige bzw. verflossene Partner passen. Hat man bereits mehr als eine Partnerschaft erlebt, wird man feststellen, dass man Liebe in verschiedenen

»Farbtönen« erfahren hat. Vermutlich erleben wir eher ludische, erotische und manische Liebesstile, solange wir jung sind und eher storgische und pragmatische Beziehungen, wenn wir älter und reifer werden.

Erst Freunde, dann Liebende?

Es gilt als normal, dass leidenschaftliche Liebe sich in innige Freundschaft verwandelt, aber inwieweit ist es möglich, dass aus Freundschaft Liebe wird? Aus dem ersten Kapitel kennen wir Zick Rubins Fragebogen, den die Testpersonen einmal für eine geliebte Person und einmal für eine Freundin bzw. einen Freund des gleichen Geschlechts ausfüllen sollten, um zwischen Freundschaft und Liebe zu unterscheiden.[7] Die Testpersonen verwandten Begriffe wie bewunderungswürdig, schätzenswert und Ähnlichkeit mit ihnen selbst, wenn sie Freunde bzw. Freundinnen beurteilten. Bei der Beschreibung einer geliebten Person wurde hingegen betont, dass man gerne mit dieser Person zusammen ist und ihr helfen möchte, auch wenn es einen selbst Opfer kostet. Man geht in dieser Beziehung auf und möchte ganz für den anderen da sein. Interessanterweise empfanden Frauen meist auch mehr Freundschaft für die von ihnen geliebten Männer als umgekehrt.

Studien über Freundschaften zwischen gegengeschlechtlichen Personen fanden viele dieser Eigenschaften und Einstellungen. Sowohl Frauen als auch Männer geben an, großen Gewinn aus diesen Freundschaften zu ziehen, einschließlich Intimität und Zuneigung, die sie von ihren Partnerschaften aber wohlweislich getrennt halten.[8] Eine Studie kam sogar zu dem Schluss, dass Leidenschaft und Sex solche Freundschaften oft zerstören.[9] Fast die Hälfte der Befragten gaben an, eine Freundschaft dadurch verloren zu haben, dass man versucht hatte, sie in eine Partnerschaft zu verwandeln, was nicht funktioniert hatte, weil entweder einer oder beide eine weitere Beziehung eingingen oder weil nur einer von beiden mehr als Freundschaft wollte. Einige dieser Schwierigkeiten werden in dem Film »Harry und Sally« thematisiert, wo eine lange und enge Freundschaft aus den Fugen gerät, nachdem die Helden des Films miteinander geschlafen haben. Diese Erfahrung zerstört ihre Unbefangenheit und Lockerheit im Umgang miteinander. Doch weil dies in Liebesfilmen nun einmal so ist, gelingt es ihnen am Ende, Freundschaft und Liebe miteinander zu verbinden.

Persönlichkeit und Liebesstil

Liebesstile hängen auch mit der Persönlichkeit eines Menschen zusammen. Martin Davies ließ 127 Collegestudenten den Eysenck-Persönlichkeitstest machen, um den Grad ihrer Extrovertiertheit sowie ihrer eventuellen neurotischen Störungen und Psychosen zu messen. Sie füllten auch die Love Attitudes Scale aus, wodurch man die Farbe ihrer Liebesstile ermittelte.[10] Davies fand Zusammenhänge zwischen Extrovertiertheit, Ludus und Eros sowie zwischen neurotischen Zügen und Manie. Außerdem einen negativen Zusammenhang zwischen Neurose und Pragma sowie zwischen Psychose, Agape und Storge, dafür aber einen positiven Zusammenhang zwischen Psychose und Ludus. Diese Ergebnisse legen den Schluss nahe, dass bestimmte Persönlichkeitsmerkmale Einfluss auf den bevorzugten Liebesstil haben und dass ausgeglichene Charaktere die kühleren Farbtöne der Liebe wie Pragma, Agape und Storge vorziehen.

Dass warme Farben ein Indiz für emotionale Labilität sind, wird auch durch eine neuere Studie von John Worobey[11] bestätigt. Er maß verschiedene Wesensmerkmale wie Zorn, Stressempfinden, Geselligkeit und Aktivität bei 81 Männern und 163 Frauen, alle um die 20 und Studierende an einer Universität im Nordosten der USA. Sie wurden gebeten, Fragebögen auszufüllen, die ihren persönlichen Liebesstil ermittelten, wobei man die ursprünglichen sechs Farben von Lee verwendete. Männer erzielten höhere Punktzahlen bei Zorn, Frauen bei Stressempfinden. Interessanterweise erwies sich Ludus als der am wenigsten beliebte Liebesstil, auch wenn Männer ihm offenbar noch etwas mehr abgewinnen konnten als Frauen, die sich eher für Storge oder Pragma entschieden. Frauen hielten sich klassischerweise für emotionaler als die Männer und eher an Freundschaft als an Spielchen interessiert. Die Studie ergab, dass ein hohes Maß an Emotionalität (was sich in hohen Punktzahlen für Stressempfinden und Ängstlichkeit zeigt) ein guter Indikator für den bevorzugten Liebesstil ist. Frauen mit sehr hohen Punktzahlen tendieren zu Manie und Agape (brüderliche Liebe), Männer zu Eros, Manie und Agape. Worobey schlussfolgerte, dass das Temperament eine große Rolle bei der Bevorzugung eines bestimmten Liebesstiles spielt.

Worobey überprüfte auch den Zusammenhang zwischen Temperament, Liebesstil und Essstörungen bei Studentinnen.[12] Obsessive und spielchenbezogene Liebesstile standen in Bezug zu Diät und Bulimie, Angst und Zorn dagegen zu Bulimie und oraler Kontrolle. Daraus ergibt sich, dass Charakter, Liebesstil und Essstörungen auf komplexe Art und Weise miteinander verbunden sind. (In diesem Zusammenhang bezieht sich Diät auf pathologische Nahrungsverweigerung und zwanghafte Sorge um die Figur. Bulimie beinhaltet zwanghafte Gedanken ans Essen und Störungen bei der Wahrnehmung des eigenen Körpers. Orale Kontrolle meint Selbstkontrolle beim Essen mit Hinblick auf den Druck des Umfeldes, nicht an Gewicht zuzunehmen.)

Nancy Grote und Eileen Frieze untersuchten Liebesbeziehungen im Hinblick auf die Dauer von Partnerschaften.[13] Sie befragten 581 Personen zwischen 45 und 47, die im Durchschnitt 18 Jahre verheiratet waren, über die Anfänge ihrer Beziehung und ihre jetzigen Gefühle. Insgesamt schätzten sowohl Männer als auch Frauen die Aspekte Eros und Ludus zu Beginn ihrer Partnerschaft stärker ein. Männer mit Neigung zu Agape gaben an, ihre Empfindungen seien mit der Zeit immer stärker geworden. Freundschaftliche Liebe (Storge) wurde damals wie heute gleich eingeschätzt. Meist gab es stärkere Uneinigkeit zwischen Männern und Frauen bei der Beurteilung der Liebe zu Beginn ihrer Beziehung als bei der Beurteilung der gegenwärtigen Gefühle. Wie sich die Wahrnehmung der verschiedenen Liebesstile bei beiden Geschlechtern mit der Zeit verändert hatte, spiegelte sich in der Zufriedenheit mit der jetzigen Beziehung. Einige Paare hatten zu tiefer Freundschaft gefunden, einige hatten sich auseinander gelebt und verbrachten weniger Zeit zusammen bzw. pflegten zum Teil außereheliche Beziehungen.

Der gesunde Menschenverstand lässt vermuten, dass die erste Erfahrung von Beziehungen zwischen erwachsenen Menschen – meist die Beziehung der Eltern – starken Einfluss auf die Erwartung und Einstellung bei der eigenen Partnerschaft hat. Eine Studie von Susan Sprecher und anderen liefert dafür auch Hinweise. Sie vergleicht die Liebesstile von zwei Gruppen von Studierenden. In der einen Gruppe sind die Eltern geschieden, in der anderen leben sie noch zusammen.[14] Die Frauen aus der ersten Gruppe haben häufig einen vermeidenden und selten einen sicheren Beziehungsstil. Sie bevorzugen seltener einen pragmatischen, agapischen oder manischen Liebesstil und haben ein wenig idealistisches Bild von der romantischen Liebe. Als man bei der Beurteilung der anderen Gruppe berücksichtigte, ob die noch bestehende Ehe der Eltern glücklich oder unglücklich war, stellte sich heraus, dass der Unterschied im Wesentlichen darauf beruhte, ob die Eltern entweder geschieden bzw. unglücklich verheiratet oder ob sie glücklich verheiratet waren. Mit anderen Worten, die tatsächliche Scheidung ist nicht der einzige ausschlaggebende Faktor, sondern die Zufriedenheit in der elterlichen Beziehung. Männer mit geschiedenen Eltern bevorzugten häufig Eros als Liebesstil, noch stärker war dies bei Männern mit unglücklich verheirateten Eltern ausgeprägt. Diese Forschungen stützen die heute oft vertretene Ansicht, dass es besser ist, wenn sich unzufriedene Paare trennen, als der Kinder wegen zusammenzubleiben.

Dreieck-Liebestheorie

Robert Sternberg hat eine Klassifizierung vorgeschlagen, bei der die Liebe in Form eines Dreiecks dargestellt werden kann (s. Abb. 5). Die drei Spitzen bzw. Winkel bilden Leidenschaft, Intimität und Entscheidung bzw. Bindung.[15] Durch alle möglichen Kombinationen dieser Komponenten miteinander gelangt man zu acht Varianten.

Die drei Hauptkomponenten des Dreiecks definiert Sternberg wie folgt:

- *Leidenschaft:* Dazu gehören sexuelles Verlangen und Befriedigung ebenso wie liebevolle Gefühle, ein gehobenes Selbstwertgefühl und manchmal auch Gefühle von Dominanz oder Unterordnung gegenüber dem Partner.
- *Intimität:* Gefühl der Nähe, gegenseitiges Verständnis. Einverständnis darüber, einander emotional verbunden zu sein. Wechselseitiges Geben und Nehmen, dem anderen einen hohen Stellenwert beimessen und sich um sein Wohlergehen bemühen.
- *Entscheidung/Verbundenheit:* Kurzfristig bedeutet das, dass man sich dazu bekennt, jemanden zu lieben, und langfristig, dass man sich an diese Liebe gebunden fühlt. Beides

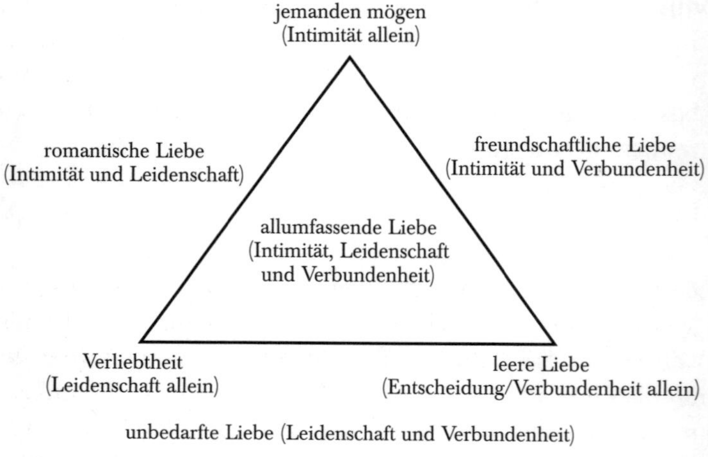

Abb. 5 Sternbergs Liebesdreieck (Sternberg und Barnes, 1988).

kann zusammentreffen, muss aber nicht. Man kann sich dem Partner verbunden fühlen, ohne ihn zu lieben bzw. umgekehrt.

Diese Sicht von der Struktur der Liebe wurde durch Studien bestätigt, die eine statistische Klassifizierungsmethode namens Faktorenanalyse[16] verwenden.

Kombinationen von Sternbergs Grundelementen reichen von der allumfassenden Liebe (Intimität, Leidenschaft und Verbundenheit) auf der einen Seite bis zur leeren Liebe (Entscheidung/Verbundenheit allein) bzw. von Verliebtheit (Leidenschaft allein) auf der anderen Seite. Sternberg kommt auf acht Kombinationsmöglichkeiten der drei Grundelemente in verschiedenen Beziehungsmustern, deren Analyse in dieser Form Aufschluss über die Zukunftsaussichten einer Beziehung geben kann. Eine Partnerschaft, die auf nur einem Element beruht, hat dabei natürlich geringere Erfolgsaussichten. Intimität für sich allein wird vermutlich in einer freundschaftlichen Beziehung ohne Leidenschaft und ohne Verbundenheit mit dem Partner münden. Leidenschaft ist vermutlich die treibende Kraft in vielen Fällen von »Liebe auf den ersten Blick« und wird realistisch gesehen besser als Verliebtheit denn als Liebe bezeichnet. Da dieser Beziehungsform die auf der Kenntnis des anderen beruhende Intimität fehlt, vergeht die Liebe hier oft, bevor sich Bindung und Verbundenheit entwickeln können. Ausnahmen sind natürlich immer möglich. Die Entscheidung für den Partner und das damit zusammenhängende Gefühl der Verbundenheit ist manchmal alles, was nach Sternberg von vielen langjährigen Beziehungen am Ende bleibt, auch wenn sie ursprünglich noch andere Komponenten enthielten. Manche Paare bleiben aus praktischen Gesichtspunkten zusammen, wie z.B.

gemeinsamer Besitz oder die Furcht vor Einsamkeit, auch wenn nicht mehr viel Gefühl für den anderen vorhanden ist. Andererseits führt Sternberg an, dass Verbindungen, die zunächst nur auf Verbundenheit beruhen, wie die meisten arrangierten Ehen, durchaus zur Entwicklung von Liebe in der Lage sind, wenn die Beziehung an Nähe gewinnt und beide Partner sich umeinander bemühen.[17]

Nach Sternbergs Definition beruht die romantische Liebe auf Leidenschaft und Intimität, muss aber keinesfalls die Vorstellung von Dauerhaftigkeit einschließen. Das findet man häufiger zum einen bei jungen Leuten, die sich Hals über Kopf ineinander verlieben, ohne die Absicht, gleich eine Familie zu gründen, und zum anderen bei Personen, die sich nicht aneinander binden können, weil sie bereits gebunden sind. Freundschaftliche Liebe, eine Kombination aus Intimität und Verbundenheit, ist oft sehr beständig, auch wenn hier die Leidenschaft entweder fehlt oder eine eher untergeordnete Rolle spielt. Viele Ehen nehmen nach Jahren diese Form an, nachdem die Leidenschaft vermindert oder erloschen ist. Trotzdem verbindet diese Partner noch so viel, dass sie zusammen glücklich sind. Liebe ohne Intimität ist dagegen auf lange Sicht sehr viel weniger Erfolg versprechend. Leidenschaft und Verbundenheit kommen zwar in den meisten Romanzen vor, doch wenn sich ein Paar näher kennen lernt und die Leidenschaft allmählich nachlässt, könnten die Partner zu dem Schluss kommen, einen Fehler gemacht zu haben. Eine Trennung ist zu diesem Zeitpunkt aber bereits ein schmerzhafter Prozess.

Sternberg geht mit seinem Liebesdreieck noch einen Schritt weiter, um zu beleuchten, wie die Partner die Beziehung jeweils beurteilen, inwieweit sich Realität und Wunschvorstellung decken und inwieweit sich die Wahrnehmung der Partner deckt. Dafür nahm er jeweils Größe und Form des Dreiecks jeder Person, wobei die Größe des Dreiecks die Intensität der Liebe und die Form die Gewichtung der drei Elemente spiegeln sollte. Jede/r hatte mehrere Dreiecke (s. Abb. 6). Eines, das die individuelle Sicht der Beziehung wiedergibt, eines, das die persönliche Wunschvorstellung vom anderen repräsentiert und eines, das das »reale« Bild vom anderen spiegelt. Weichen diese beiden stark voneinander ab, wird einer oder auch beide irgendwann sehr unzufrieden mit der Beziehung sein. Es ist außerdem wichtig, dass jede/r sich in der Praxis konform zu seinen Dreiecken verhält, also jede/r die tatsächlich gefühlte oder gewünschte Intimität, Liebe und Verbundenheit auch zeigt und sich bemüht, diese Gefühle zu erhalten. Dies impliziert, dass sich Beziehungen in der Regel mit der Zeit verändern und dass die Handlungen der Partner großen Einfluss auf den Verlauf der Beziehung und eventuelle Veränderungen nehmen. Mit anderen Worten, welche

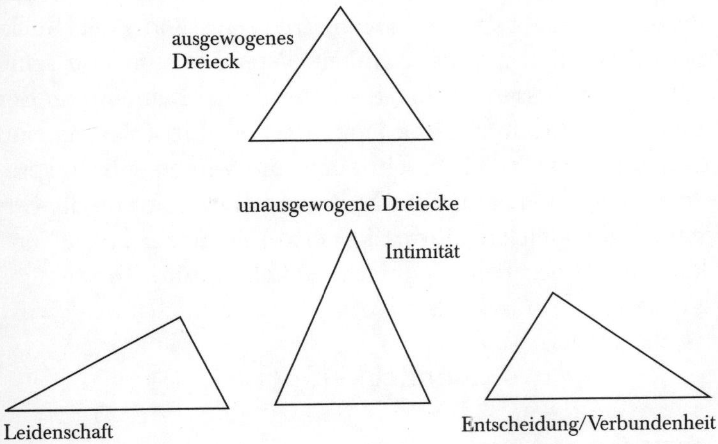

Abb. 6: Beispiele für Partnerschaftsdreiecke (Sternberg und Barnes, 1988).

Kombination von Elementen auch immer zu Beginn einer Beziehung vorhanden ist, die Beziehung wird sich mit großer Wahrscheinlichkeit verändern. Entwickelt man ein Bewusstsein für das Zusammenspiel der verschiedenen Elemente und ihre jeweilige Gewichtung, kann das helfen, die Beziehung immer wieder neu an Gegebenheiten und Bedürfnisse anzupassen, um sie dadurch zu stärken und zu erhalten.

Sternbergs Dreiecksmodell hat zu zahlreichen weiteren Forschungsarbeiten angeregt und viel Bestätigung durch empirische Arbeiten erhalten. Eine neuere Studie untersuchte z.B. die Art und Weise, wie Intimität, Leidenschaft und Verbundenheit in Partnerschaften wahrgenommen werden. Dazu wurden 73 Paare zu ihrer subjektiven Erfahrung befragt und dazu, wie sie diese Elemente mitteilen. Es zeigte sich, dass diese Paare Intimität auf ganz verschiedene Weisen erlebten: Offenheit, Zuneigung, Unterstützung, Zusammengehörigkeit und stilles Beisammensein. Leidenschaft wurde in Form von Sex und Romantik erlebt, Verbundenheit in Form von Unterstützung, Liebesbekundungen, Treue, Beständigkeit, Rücksichtnahme und Aufmerksamkeit. Peter Marston und seine Kollegen schlossen daraus, dass Sternbergs Elemente in der subjektiven Erfahrung überlappen.[18] Lees Liebesfarben sind zwar sehr ausführlich beschrieben und wirken sehr ansprechend auf den Laien, aber Sternbergs Dreieck enthält vermutlich die gleiche Information in vereinfachter Form.

Persönlichkeit plus …

Wenn, wie diese Forschungen nahe legen, Intimität zu den wichtigen Elementen in einer Beziehung gehört und erheblichen Einfluss darauf hat, wie sich eine Beziehung entwickelt und ob sie Bestand haben wird, dann stellt sich die Frage, ob manche Paare diese Intimität leichter erreichen als andere. Karen und Kenneth Dion sind der Meinung, dass Intimität ein integraler Bestandteil der romantischen Liebe ist und dass bestimmte Persönlichkeitsmerkmale die Entstehung von Intimität erleichtern.[19] Dazu gehört auch, wie man die gefühlsmäßige Abhängigkeit vom Partner wahrnimmt. Das Ehepaar Dion führte also Erhebungen mit Hilfe von Fragebogen durch, in denen es das Maß an Defensive und Selbstwertgefühl der Befragten in Bezug zu ihren Erfahrungen mit romantischer Liebe setzte. Denjenigen mit einem hohen Selbstwertgefühl und ausgeprägter Selbstzufriedenheit schien die romantische Liebe häufiger zu begegnen als sehr defensiven Personen. Andererseits schienen diejenigen mit eher geringem Selbstwertgefühl intensivere Beziehungen zu erleben, die sie gleichzeitig als irrational und unkontrollierbar beschrieben. Insgesamt waren sie zurückhaltender und hatten oft eine recht zynische Sicht von der Liebe.

In einer anderen Studie untersuchten sie Selbstverwirklichung, geistige Gesundheit, Zufriedenheit mit dem Erreichten und das Gefühl, das eigene Potenzial ausgeschöpft zu haben sowie die allgemeine Zufriedenheit mit dem Liebesleben.[20] Diejenigen, die mit hoher Punktzahl bei der Selbstverwirklichung abgeschnitten hatten, schienen auch mit der gegenwärtigen bzw. der vergangenen Beziehung zufriedener zu sein. Sie engagierten sich stärker und waren offener als diejenigen mit geringeren Punktzahlen. Sie hatten realistischere Erwartungen und brauchten den Partner weniger, kümmerten sich aber auch weniger fürsorglich um ihn.

Zusammenfassend meinte das Forscherpaar Dion, dass Personen, die großen Wert auf Kontrolle legen und sehr defensiv sind, im Laufe einer sich entwickelnden Partnerschaft eher gemischte Gefühle gegenüber zunehmender Intimität und Abhängigkeit hegen. Vielleicht wahren sie eine gewisse Zurückhaltung aus Angst vor Kontrollverlust. Diejenigen, die sich selbst akzeptieren können, so wie sie sind, werden die Liebe eher als Erfüllung erleben. Sie sind emotional weniger abhängig von ihrem Partner als Menschen mit geringerem Selbstvertrauen.

Ein westliches Ideal?

Ein anderer Aspekt, den die Dions untersuchten, betraf den möglichen Einfluss der Kultur auf unsere Erwartungen in Sachen Liebe.[21] Dazu verglichen sie die Ergebnisse einiger Studien, die sich mit chinesischen Wertvorstellungen und Überzeugungen hinsichtlich Liebe und langfristigen Partnerschaften befassen, mit ähnlichen Studien zu amerikanischen Verhältnissen. Sie zitieren die Arbeiten von Francis Hsu, in denen die amerikanische Kultur als »am Individuum ausgerichtet« definiert wird und großen Wert auf den emotionalen Gehalt von Partnerschaften legt. Die chinesische Kultur sei dagegen »situationsbezogen«, Emotionen seien weniger intensiv und weniger wichtig.[22] Hsu fasst die Unterschiede pointiert folgendermaßen zusammen: Die Amerikaner fragen: »Was sagt mein Herz dazu?« Die Chinesen fragen: »Was werden die anderen dazu sagen?« Hsu führt diesen Unterschied darauf zurück, dass in chinesischen Gemeinschaften enge Familienbeziehungen auch im Erwachsenenalter eine viel größere Rolle spielen als in amerikanischen. Amerikaner (und das impliziert auch andere westliche Kulturen) müssen dagegen außerhalb der Familie nach engen Bindungen suchen. Obwohl diese Forschungsarbeit Anfang der 80er-Jahre entstand, wird sich daran trotz der Veränderungen in China während der letzten Jahre kaum etwas geändert haben, geht es hier doch um kulturell tief verwurzelte Überzeugungen.

Eine Untersuchung von Clyde und Susan Hendrick an der Universität von Miami ergab, dass Studierende orientalischer Herkunft Liebesstile bevorzugen, die nach Lees Einteilung eher Storge oder Pragma entsprechen und seltener Eros, verglichen mit weißen Studierenden nicht-hispanischer Herkunft.[23] Das stimmt auch mit der Vorstellung überein, dass die Einstellung der Chinesen im Vergleich zu den Einstellungen in anglo-amerikanischen Gesellschaften weniger selbstbezogen ist.

Frühere Untersuchungen über romantische Liebe und Ehe in nicht-industrialisierten Gesellschaften, wie z.B. im damaligen Indien oder Burma, ergaben, dass Liebe dort keinen hohen Stellenwert besitzt. Die 1965 von G. A. Theodorson befragten indischen Studenten und Studentinnen schienen sogar recht unromantisch und desinteressiert angesichts eines Umfeldes, in dem arrangierte Heiraten immer noch die Norm waren und die ökonomische Entwicklung relativ schwach.[24] Die indischen Studierenden machten sich vermutlich deswegen so wenig Gedanken darum, wen sie irgendwann heiraten würden, weil sie so gut wie kein Mitspracherecht hatten. In China werden Ehen nach wie vor aus praktischen Erwägungen geschlossen, wie z.B. gutes Einkommen des potenziellen Partners, und weniger aufgrund liebevoller Empfindungen. Vielen Chinesen erscheint die westliche Vorstellung von Liebe als Heiratsgrund sogar bedrohlich und geradezu leichtsinnig.[25]

Für die meisten westlichen oder westlich orientierten Gesellschaften hingegen ist die Vorstellung, dass eine glückliche Ehe auf irgendetwas anderem als gegenseitiger Liebe beruhen könnte, unglaubhaft bzw. abstoßend. Diese Ablehnung arrangierter Ehen wird von der Mehrzahl jener jungen Frauen und Männer asiatischer Herkunft geteilt, die im Westen aufwachsen, was dann oft zu einem Generationskonflikt führt. Ein solcher Konflikt wird in dem bereits erwähnten Film »East is East – Das Grauen vor dem Trauen« (1999) thematisiert. In anderen Teilen der Welt jedoch, wie beispielsweise auf dem indischen Subkontinent, sind arrangierte Ehen nach wie vor die Regel. Betrachtet man sie nur einmal unter dem Gesichtspunkt der Haltbarkeit, würden viele Paare wohl von einem erfolgreichen Konzept sprechen.

Doch wie steht es mit der ehelichen Zufriedenheit dieser Paare? Ist sie größer oder eher kleiner als bei Paaren, die einmal aus Liebe geheiratet haben? Paul Yelsma und Kuriakose Athappilly befragten 53 indische und 31 amerikanische Paare nach Zufriedenheit und gegenseitigem Verständnis.[26] Bei der ehelichen Zufriedenheit schnitten die indischen Paare mit arrangierter Ehe ihrer eigenen Einschätzung zufolge sogar besser ab als die indischen oder amerikanischen »Liebespaare«. Letztere meinten, dass jegliche Form von Verständnis – auch auf sexuellem Gebiet – entscheidend zur Zufriedenheit in ihrer Partnerschaft beitrüge. Bei den arrangierten Ehen hatte Verständnis einen weit geringeren Stellenwert. Die Autoren vermuten, dass Unterwürfigkeit zusammen mit einer sehr bedachten Wahl des Partners und einer großen Portion Unterstützung der Frau von außen wesentliche Faktoren für den Grad der ehelichen Zufriedenheit von Paaren in arrangierten Ehen sind.

In westlichen Gesellschaften sind arrangierte Ehen eher unüblich. Eine Ausnahme bilden die Massenhochzeiten unter Mitgliedern der Unification Church, bei der das Oberhaupt der Gemeinde, Reverend Sung Myung Moon, die Partner auswählt. Eine dieser Massenhochzeiten wurde 1982 gefeiert und ein Teil der dort geschlossenen Ehen die drei darauf folgenden Jahre von Marc Galanter beobachtet.[27] Mit den Daten von 209 von 2057 Paaren, die an der Zeremonie teilgenommen hatten, stellte Galanter fest, dass nach drei Jahren immer noch 95 Prozent von ihnen aktive Mitglieder in der Gemeinde und 81 Prozent mit dem für sie ein Jahr vor der Hochzeit ausgewählten Partner verheiratet waren. Ein psychologischer Test ergab jedoch andererseits, dass ihr allgemeines Wohlbefinden geringer als das der übrigen Gesellschaft war, besonders das Wohlbefinden derer, die die Erwartungen ihrer Kirche nicht erfüllten. Diejenigen aber, die mit ihrer Kirche besonders eng verbunden waren, schienen mit den psychischen Schwierigkeiten, die aus ihrer ungewöhnlichen Situation erwuchsen, am besten fertig zu werden und die geringsten Probleme mit dem von ihnen erwarteten Verhalten zu haben.

6

KAMPF DER GESCHLECHTER

Liebe ist das Flüstern der Ahnen
in unseren Ohren.

Michael Mills[1]

Zwar suchen die meisten Frauen und Männer nach Liebe, aber – suchen sie dasselbe? In Jane Austens Roman »Emma« stellt die Heldin die Unterschiede zwischen den Geschlechtern mit den Worten fest: »Die eine Hälfte der Welt kann das Vergnügen der anderen Hälfte offensichtlich nicht verstehen.« Wie weit beeinflussen uns Überzeugungen, Verhaltensweisen und Wesenszüge, die uns erkennbar männlich oder weiblich machen, also das, was in der Psychologie »Geschlechteridentität« genannt wird, unsere Suche nach einer Partnerin bzw. nach einem Partner und unser Verhalten in unseren Beziehungen? Und können Frauen und Männer sich überhaupt je verstehen? Oder sind sie, wie Jane Austen es formuliert, für immer dazu verdammt, ihr Vergnügen auf verschiedenen Wegen zu suchen?

Unterschiedliche Einkaufslisten

Ob wir es nun explizit sagen oder nicht, die meisten von uns haben eine Checkliste mit den gewünschten Eigenschaften potenzieller Partner im Kopf. Die wenigsten schreiben ihre Liste jemals auf, und kaum jemand gäbe ihre Existenz öffentlich zu, doch wann immer wir potenzielle Kandidaten treffen, gehen wir diese Liste durch und überprüfen die Übereinstimmung.

Belege aus Dutzenden von Studien aus verschiedenen Zeiten, Ländern und Kulturen bestätigen, dass Frauen und Männer zwar in einigen wesentlichen Persönlichkeitsmerkmalen wie Freundlichkeit, Verständnis, Intelligenz, Gesundheit und angenehmer Charakter in ihren Listen übereinstimmen, doch dass ihre Gewichtung dessen, was sie für besonders wichtig halten, stark voneinander abweicht. Männern ist ein attraktives Äußeres wichtig, Frauen ein gutes Einkommen.[2]

1939 befragte der US-amerikanische Psychologe R. Hill Frauen und Männer und bat sie, 18 Eigenschaften auf einer Skala zwischen unabdingbar und unwichtig zu sortieren.[3] Frauen betrachteten ein gutes Einkommen zwar nicht als unabdingbar, jedoch als ziemlich wichtig, während es Männern zwar wünschenswert, aber nicht besonders wichtig schien. Nachfolgende Studien in den nächsten 20 Jahren untersuchten einen möglichen Meinungswandel in diesem Punkt.[4, 5] Man könnte nun annehmen, dass die ökonomischen und gesellschaftlichen Veränderungen, die es auch Frauen zunehmend ermöglichen, selbst ein gutes Einkommen zu erarbeiten, diesen Punkt für sie unwichtiger werden ließen. Das Gegenteil scheint jedoch der Fall zu sein. Als nämlich sehr gut verdienende Amerikanerinnen gefragt wurden, wie viel ihr zukünftiger Partner denn verdienen solle, waren ihre Ansprüche sehr viel höher als die von Frauen mit geringerem Einkommen.[6] Außerdem sollte ihr Partner gebildet sein und eine akademische Ausbildung sowie hohen gesellschaftlichen Status besitzen. Außerdem sollte er groß, eigenständig und selbstbewusst sein. Gut verdienende Männer legten hingegen keinen großen Wert auf Einkommen und sozialen Status bei einer zukünftigen Partnerin. Zu einem ähnlichen Ergebnis kam eine Studie unter Studentinnen, die nach abgeschlossener Ausbildung ein gutes Einkommen zu erwarten hatten. Auch ihnen war der Verdienst ihrer Partner wichtiger als Frauen, die weniger gute Verdienstaussichten hatten.[7] Die eigenen Verdienstmöglichkeiten sind also nicht die Ursache für den hohen Stellenwert des männlichen Einkommens.

In seiner kulturübergreifenden Untersuchung, die wir bereits weiter vorne zitiert haben (siehe Anm. 6), fand David Buss heraus, dass die Männer aus allen 37 untersuchten Gesellschaften jüngere Partnerinnen suchten, wobei die gewünschten Altersunterschiede von ein bis zwei Jahren in Skandinavien bis zu sechs oder sieben Jahren in Nigeria und Sambia reichten. Frauen hingegen suchten Partner, die im Durchschnitt etwa 3,5 Jahre älter sind. Daten über bereits existente Ehen, die in diese Studie eingingen, bestätigten, dass diese Vorlieben in der Regel auch umgesetzt werden und die Ehemänner im Allgemeinen älter sind als ihre Frauen. Man sieht also, dass die Partnerschaften von Berühmtheiten zwischen älteren, erfolgreichen Männern und jüngeren, schönen Frauen nur ein Extrem darstellen.

Die Korrelation zwischen Alter und Einkommen gießt neues Öl ins Feuer, wenn es um das alte Klischee geht, dass Frauen allen Veränderungen der letzten 30 Jahre zum Trotz nach wie vor einen Brötchenverdiener suchen. Hier sind junge Frauen im Vorteil, denn sie sind in dieser Zeit am fruchtbarsten, und so hat die Natur es eingerichtet, dass Jugend und Schönheit bei ihnen stärker zusammenhängen als bei Männern. Trotzdem, so fand Buss heraus, legen Frauen und Männer aller Kulturen letzten Endes mehr Wert auf die Persönlichkeit als auf das Aussehen oder das Einkommen. Es gibt also noch Hoffnung für alle, die weder jung, reich noch schön sind.

Buss bat die Frauen und Männer in seiner Studie, aus einer Liste mit 32 Eigenschaften diejenigen auszuwählen, die sie sich bei einem Partner bzw. einer Partnerin wünschen. Die sieben meistgenannten in allen Kulturen waren:

- Freundlichkeit und Verständnis,
- Intelligenz,
- interessante Persönlichkeit,

- Gesundheit,
- emotionale Stabilität und Reife,
- Verlässlichkeit,
- Wohlwollen.

Natürlich setzten die Männer weltweit gutes Aussehen auf ihrer Liste (Platz 8) weit vorn und Frauen gutes Einkommen (Platz 9). In nicht-westlichen Kulturen wie China, Indien, Taiwan oder Iran waren außerdem Jungfräulichkeit oder Keuschheit sehr gefragt, vor allem natürlich bei Männern. In Ländern wie Holland, Schweden oder Norwegen, die für ihre sexuelle Aufgeschlossenheit bekannt sind, spielte das hingegen so gut wie keine Rolle.

»Allein stehend, weiß, weiblich – sucht gut aussehenden großen Mann mit gesichertem Einkommen«

Eine der interessantesten Quellen für das Modell des perfekten Partners sind die Bekanntschaftsanzeigen der Zeitungen, wo Frauen und Männer die gewünschten Eigenschaften des gesuchten Gegenübers auflisten. Betrachten wir einmal eine Auswahl aus der britischen Zeitung *The Guardian*.[8]

Rubrik: SIE sucht IHN.

Große SIE, 32, ist bereit für eine liebevolle und dauerhafte Beziehung mit einem zärtlichen und starken Mann. Bin aufgeschlossen für alles, was Spaß macht.

Zufriedene, selbständige SIE, 40, 170, mag Reisen, Wandern, Lesen, Kino und sucht finanziell unabhängigen, gut aussehenden großen IHN mit ähnlichen Interessen.

Hübsche, dynamische, selbstbewusste SIE, 36, sucht aktiven, intelligenten und einfühlsamen IHN zwischen 30 und 45 für Bergwandern und gute Gespräche.

Ewige Optimistin, 36, fit, attraktiv, individuell, unabhängig, selbstbewusst, mit Interesse an Weißwein, Schwimmen, Radfahren, Kunst, Kino, sucht IHN für dauerhafte Beziehung & … vielleicht Dich?

Rubrik: Er sucht Sie

Er, intelligent, freundlich, zuversichtlich, nicht hässlich, 35, 180, sucht schlanke, attraktive, intelligente, warmherzige, dunkelhaarige SIE zwischen 18 und 34 für Freundschaft.

Kompromissloser Dozent, 50, 165, ehrlich, sucht schlanke, hübsche, treusorgende SIE.

Diese Anzeigen sind insofern interessant, als sie die unterschiedlichen Erwartungen von Frauen und Männern an eine Partnerin bzw. einen Partner verdeutlichen. Das zeigt sich zum einen in den Eigenschaften, die man zu haben angibt, um Interesse für sich zu wecken, als auch in den gewünschten Eigenschaften des potenziellen Gegenübers. Vielleicht weil *Guardian*-Leser sich gern für progressiv halten – und dabei eher älter sind –, gibt es weniger Anzeigen von Männern, in denen plump Alter, Figurtyp und gewünschte Haarfarbe aufgelistet wird bzw. Anzeigen von Frauen, in denen offen nach einem guten Verdiener gesucht wird. Zwischen den Zeilen lässt sich das aber auch hier herauslesen.

So wie meist der größere Kandidat US-Präsident wird, zeigen auch Frauen zahlreichen Studien zufolge stärkeres Interesse für große Männer. In einer Studie wurden kleine Männer nicht nur für langfristige, sondern sogar auch für kurzfristige Beziehungen abgelehnt.[9] Auch ein Blick in Bekanntschaftsanzeigen scheint das zu bestätigen. Eine 1978 hierzu durchgeführte Studie mit Frauen, die Körpergröße als wichtiges Kriterium bei einem potenziellen Partner genannt hatten, ergab, dass sie einen Mann von mindestens 180 cm suchten.[10] Das illustriert die erste Regel für jede Verabredung: Der Mann sollte größer sein als die Frau. Aber auch ökonomisch sind große Männer oft erfolgreicher und werden zudem häufig als dominant wahrgenommen.[11]

Viele Forschungsarbeiten zu den beim Partner gewünschten Eigenschaften haben sich dabei auf die Suche nach dauerhaften Partnerschaften konzentriert. Für kurzfristige Beziehungen scheinen hingegen andere Kriterien zu gelten, vor allem bei Männern. In der Studie von Buss und Schmitt (siehe Anm. 9) war Männern Promiskuität und sexuelle Erfahrung bei einer kurzfristigen Bekanntschaft durchaus willkommen, nicht aber bei einer langfristigen Partnerschaft. Frauen fanden diese Eigenschaften in keinem Fall wünschenswert. Gutes Aussehen hingegen war beiden Geschlechtern, Männern aber besonders, in einer kurzfristigen Beziehung wichtiger als in einer langfristigen. Männer waren zurückhaltender als Frauen, wenn es darum ging, eventuell eine kurzfristige Beziehung zu jemandem einzugehen, der eigentlich etwas Dauerhaftes suchte. Frauen lehnten dafür eine kurzfristige Beziehung zu jemandem stärker ab, der bereits gebunden war.

In einer früheren Studie wurden Frauen und Männer gebeten, Wunschlisten der Eigenschaften für eine langfristige Beziehung bzw. eine Affäre aufzustellen. Dabei deckten sich die Kriterien für eine langfristige Partnerschaft bei beiden Geschlechtern weitgehend.[12] Demnach machen Frauen wenig Unterschiede bei den Eigenschaften, die sie sich in beiden Fällen beim Gegenüber wünschen, während Männer bei einer Affäre noch stärker auf das Äußere achten. Andere Forschungsarbeiten haben diese unterschiedlichen Selektionskriterien bestätigt. Männer scheinen hinsichtlich Persönlichkeit wenig wählerisch, wenn es um eine Affäre geht. Anders die Frauen, sie legen mehr oder weniger die gleichen Kriterien an. Vielleicht, weil sie sich bewusst sind, dass auch eine kurze Begegnung langfristige Folgen durch eine eventuelle Schwangerschaft haben kann.

Verspielte Männer, ernsthafte Frauen

Haben Frauen und Männer erst einmal das Ziel ihrer Wünsche erreicht, lieben sie dann auf die gleiche Weise? All den Groschenromanen zum Trotz, in denen die Heldin einem stürmischen Fremden erliegt, und entgegen der landläufigen Meinung, dass Frauen das romantischere Geschlecht seien, scheint es sich hier um einen weit verbreiteten Irrtum zu handeln. Eine Untersuchung nach der anderen kommt zu dem Schluss, dass Frauen bei der Partnerwahl sehr viel bedachter und praktischer vorgehen als Männer und eher nach einer Liebesform wie Storge oder Pragma Ausschau halten, während Männer eher nach Liebesformen wie Ludus oder Eros suchen. Die US-amerikanischen Soziologen Terry

Hatkoff und Thomas Lasswell vermuten die Ursache darin, dass Frauen meist die Wahl hatten und haben, wenn es um die Entscheidung für einen Partner geht, und mit Bedacht auswählen, während sie die Bewerberschar eine Weile hinhalten.[13] Möglicherweise werden Frauen, wenn sie durch eigenes Einkommen unabhängiger vom Verdienst des Mannes werden, ebenfalls einen spielerischen Ansatz entwickeln. Bisher jedenfalls betrachten Männer Liebe als Spiel, während sie für Frauen eine ernsthafte Angelegenheit ist.

Forschungen zeigen außerdem, dass sich Frauen unter 20 früher und häufiger verlieben als Männer, sich danach aber das Blatt wendet und sich Männer leichter verlieben, während Frauen Beziehungen schneller beenden. Die Forschungen zeigen außerdem, dass – ebenfalls entgegen der landläufigen Meinung – Frauen das stärkere Geschlecht sind, wenn es darum geht, eine Beziehung zu beenden, und sehr viel häufiger der aktive Part dabei sind. Sie neigen danach auch weniger zum Nachtrauern, zu Depressionen oder Einsamkeitsgefühlen.[14]

Neben der männlichen Neigung zu verspielten Liebesformen lässt sich ein anderer wesentlicher Unterschied zwischen den Geschlechtern feststellen. Männer suchen nach Abwechslung, während Frauen (im Allgemeinen) nach Beständigkeit suchen. Das ist auf die verschiedenste Weise belegt worden, z.B. indem man die sexuellen Fantasien von Frauen und Männern verglich.[15] Die Abbildung 7 (s. S. 130) zeigt die Verteilung von sexuellen Fantasien bezüglich vier Variationen eines Themas: Sex mit einer fremden Person, Sex mit einer Berühmtheit, Gruppensex und Sex mit Personen des eigenen Geschlechts. Während sich Frauen und Männer wenig in ihren Fantasien über Sex mit einer fremden Person oder mit Personen des eigenen Geschlechts unterscheiden, sind Männer sehr viel stärker von Gruppensex fasziniert als Frauen, die ihrerseits von Sex mit einer Berühmtheit träumen.

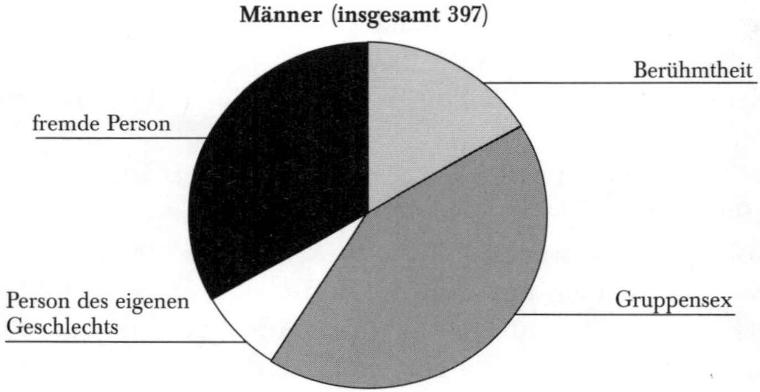

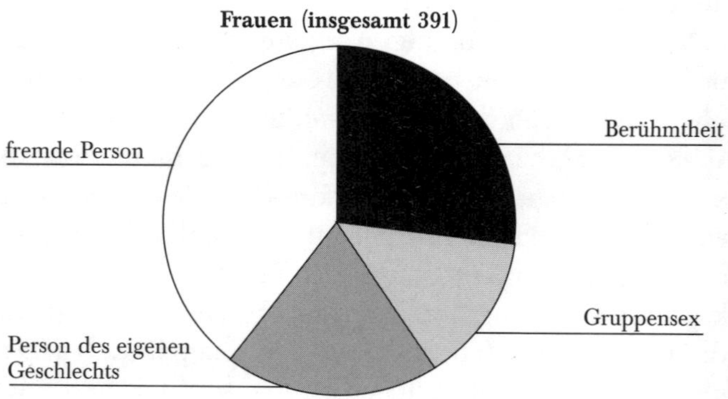

Abb. 7: Unterschiede zwischen männlichen und weiblichen Sexfantasien (Wilson, 1997).

Das passt exakt zu dem, was die Evolutionstheorie besagt. Männer suchen viele Partnerinnen, um ihre Gene möglichst weit zu verbreiten, während Frauen die Qualität des Mannes wichtiger ist, mit dem sie Nachkommen haben wollen und für die er möglichst auch in der Lage sein soll gut zu sorgen. Dieser Unterschied ist so fundamental, dass wir ihm ein eigenes Kapitel gewidmet haben (siehe Kapitel 8).

Veranlagung oder Umwelteinfluss?

Wodurch lassen sich die unterschiedlichen Vorstellungen bei Frauen und Männern hinsichtlich der idealen Partnerin bzw. des idealen Partners und hinsichtlich der eingesetzten »Werbestrategien« erklären? In dem Film »Roger Rabbit« von 1988 raunt die sinnliche Jessica Rabbit: »Ich bin wirklich nicht schlecht, ich wurde nur so gezeichnet.« Auch die Evolutionspsychologie führt die unterschiedlichen Zielvorstellungen darauf zurück, wie die Geschlechter gezeichnet wurden, also darauf, wie sie genetisch und biologisch »angelegt« wurden. Jahrmillionen hing das Überleben der Frauen davon ab, einen geeigneten Partner zu finden, der in der Lage war, Feinde abzuwehren, sie zu beschützen und die Nachkommen zu versorgen, während die Männer darauf angewiesen waren, junge und fruchtbare Frauen zu verführen, die den Fortbestand ihrer Gene durch möglichst zahlreiche Nachkommen sicherten. Zwar hat sich die Welt soziologisch, medizinisch und in fast jedem anderen Aspekt des Lebens in den letzten 100 Jahren grundlegend verändert, doch unsere Gene und damit unsere biologische Ausrichtung konnten mit dieser Veränderung nicht Schritt halten. Einige Jahrzehnte sind für die Evolution weniger als ein Atemzug. Also halten Männer nach wie vor nach jungen und fruchtbaren Frauen Ausschau, während Frauen gute Versorger suchen.

Die Soziologie meint indessen, dass die männlichen Selektionskriterien eher kulturell und gesellschaftlich bedingt sind. Das könnte bedeuten, dass Frauen parallel zu den sozialen Veränderungen auch ihrerseits die Selektionskriterien verändern. In der Vergangenheit oblag den Frauen die Aufzucht der Kinder. Außerdem war es ihnen verwehrt, sich selbst zu versorgen, sodass sie zufrieden sein mussten, wenn der Mann sie und die Kinder ernährte und sie gut behandelte. Es wurde hingenommen – und wird es in manchen oberen Gesellschaftsschichten immer noch –, dass ein Mann Affären hat, und falls er sich dabei diskret verhielt, war nichts dagegen einzuwenden. Heutzutage werden eigenständige und gut verdienende Frauen nicht mehr so bereitwillig einen so schlechten Deal eingehen. Sie haben Alternativen. Betrachtet man einige Beispiele, so scheinen sie in der Tat eine andere Wahl zu treffen. Nehmen wir die Popikone Madonna, die sich für einen unbekannten Fitnesstrainer namens Carlos Leon entschied und von ihm ihr erstes Kind bekam. Sie nahm sich also die Freiheit, einen attraktiven jungen Mann auszuwählen, den einige unter konventionellen Gesichtspunkten als falsche Wahl bezeichnen würden. (Vielleicht ist es erwähnenswert, dass Madonna als Vater ihres zweiten Kindes den Filmregisseur Guy Ritchie aussuchte, der finanziell erfolgreicher und sozial angesehener war als ihre erste Wahl.) Solche Frauen werden auch nicht mehr so bereitwillig wie ihre Mütter und Großmütter die Augen vor Seitensprüngen ihres Partners verschließen.

Der Dichter Lord Byron machte dazu die berühmte Bemerkung, dass Liebe nur ein Teil im Leben eines Mannes sei, für die Frau aber das ganze Leben. In den heutigen Beziehungen mit zwei berufstätigen Partnern trägt die Frau immer noch die Hauptlast der Familien- und Beziehungsarbeit. Dieses Bild spiegelt sich auch in Helen Fieldings verfilmtem Bestseller »Schokolade zum Frühstück« wider, in dem Gewichtsverlust, Kalorienaufnahme und Männer minutiös beschrieben werden. Oder wie die Eheberaterin Jill Burrett formulierte:

> »Man muss lediglich den jungen Leuten im Bus oder Zug zuhören um mitzukriegen, das Mädchen über ihre Freunde und Jungs über Schule und Sport reden. Frauen unterhalten sich mit anderen Frauen darüber, was für sie das wichtigste Thema zu sein scheint, und definieren sich offenbar über ihre Partner. Männer unterhalten sich mit anderen Männern über Frauen und deren erfolgreiche Eroberung. Mädchen trainieren also ihr Gespür für die Partnerschaft und Jungen ihre Herrschaft über alles andere – außerhalb der Partnerschaft.«[16]

Der Einfluss des Feminismus

Sigmund Freud stellte die berühmt gewordene Frage: »Was will das Weib?« Seitdem haben sich Dutzende von Wissenschaftlern und Wissenschaftlerinnen bemüht, die Antwort darauf zu finden. Feministische Autorinnen der 60er-, 70er- und 80er-Jahre argumentierten, dass viele Ungerechtigkeiten, Ungleichheiten und Herrchen-Hund-ähnliche Beziehungen verschwinden würden, wenn es mehr Gerechtigkeit zwischen den Geschlechtern gäbe und wenn sich die Herren der Schöpfung emotional offener zeigten und sich stärker in Haushalt und Familie einbrächten. Leider scheinen sie nicht Recht zu behalten. Frauen mit feministischer Einstellung erleben häufig mehr statt weniger Frustration in einer Partnerschaft. Ein in einer Zeitschrift veröffentlichter Fragebogen, auf den 809 Antworten eingingen, untersuchte den Zusammenhang zwischen Rollenverständnis und ehelicher Unzufriedenheit.[17] Dabei wurden verschiedene Ansätze gewählt, um das Rollenverständnis der Befragten zu ermitteln, darunter auch sexistische Bilderwitze sowie der Kipnis-Fragebogen zur Machtverteilung in einer Ehe. Die Frauen sollten den Grad ihrer Zufriedenheit mit dem Partner angeben und wie häufig sie miteinander schliefen.

Die feministische Haltung wurde anhand einer Liste mit 18 Punkten gemessen – die Aussagen sind zur Hälfte feministisch und zur Hälfte traditionell geprägt –, für die jeweils fünf Antworten zwischen »sehr zutreffend« und »gar nicht zutreffend« möglich waren:

- Männer sind bereits viel zu lange an der Macht.
- Schönheitswettbewerbe sind frauenfeindlich.
- Kinder mit arbeitenden Müttern sind benachteiligt.
- Nicht-berufstätige Frauen sollten sich um den gesamten Haushalt kümmern.
- Frauen sollten gleichen Lohn erhalten.
- Frauen sollten solange bei Einstellungen und Beförderungen bevorzugt werden, bis die Ungerechtigkeiten korrigiert sind.
- Die meisten Männer sind Chauvinisten.
- Frauen sind von Natur aus für die Kindererziehung besser geeignet.
- Frauen sollten sich bemühen, für Männer attraktiv zu sein.

- Männer sollten sich immer hälftig an der Hausarbeit beteiligen.
- Die Emanzipation der Frauen wird die Welt zum Besseren verändern.
- Arbeitgeber sollten sich für einen Mann entscheiden können, wenn sie denken, dass die Stelle für einen Mann geeigneter ist.
- Nur durch Selbstverwirklichung im Beruf findet eine Frau Erfüllung.
- Frauenrechtlerinnen sind meist lediglich Männerhasserinnen.
- Gegenwärtig ist das Ziel der gleichen Bezahlung für Frauen nicht realisierbar.
- Männer sollten genauso viel Zeit für die Kindererziehung aufwenden wie Frauen.
- Ritterlichkeit und Romantik sind durch die Emanzipation bedroht.
- In vieler Hinsicht haben es Frauen leichter als Männer.

Die Frauen, die durch ihre Antworten eine stark feministische Ausrichtung verrieten, waren in der Regel mit ihrer Partnerschaft weniger zufrieden, sowohl im Allgemeinen als auch im sexuellen Bereich. Sie hatten seltener Sex als ihre konventioneller eingestellten Geschlechtsgenossinnen und waren bei Streitigkeiten mit dem Partner eher konfrontativ als nachgiebig. Interessanterweise waren aber auch die rundum traditionellen Hausfrauen, die bei Konflikten ihre Ziele meist durch emotionale Manipulation durchzusetzen versuchten, eher unglücklich in ihrer Ehe. Wie bei den meisten Dingen des Lebens scheint es auch hier den goldenen Mittelweg zu geben.

Die Männerbewegung

Während der einzelne Mann ganz unterschiedlich auf die veränderten Erwartungen der Frauen und den Feminismus reagiert – der eine ignoriert oder kritisiert die Bewegung, der andere versucht sich anzupassen und zum »neuen Mann« oder zum »echten Kerl« zu werden – sind auch verschiedene Bewegungen und Denkschulen für Männer entstanden. Ein prominenter Vertreter ist der Amerikaner Robert Bly, Verfasser des »Eisenhans«[18] und Begründer damit in Zusammenhang stehender Seminare und Programme. Seiner Meinung nach haben die heutigen Männer in den Industrieländern und vor allem in den USA den großen emotionalen Nachteil, ohne Vater aufgewachsen zu sein und damit ohne Rollenvorbild. Auch früher fehlten die Väter, doch damals aus ehrenhaften Gründen, wenn sie z.B. in den Krieg zogen. Heute fehlen sie meist, weil sie die Familie verlassen haben, oft genug wegen einer anderen Frau. Anstatt also den abwesenden Vater idealisieren zu können, weil er für etwas einstand und kämpfte, fühlen sich die heutigen jungen Männer zu Recht von ihren Vätern verlassen und sind darüber verbittert. Das Ergebnis ist eine Generation von Männern, so Bly, der es nicht möglich ist, über einen Verlust zu trauern und ihren Gefühlen Ausdruck zu verleihen (wenn sie überhaupt zugelassen werden), und die deshalb auch nicht in der Lage sind, selbst stabile und liebevolle Partnerschaften aufzubauen. Als eine mögliche Lösung des Problems schlägt er den Männern vor, sich unter der Leitung eines Mentors zu versammeln, um körperliche Herausforderungen zu erleben, um Freundschaften mit gleichaltrigen und auch älteren Männern zu schließen, um zu lernen, Emotionen auszudrücken, und um von der Hilfe und Unterstützung des Mentors zu profitieren, der als »Ersatzvater« fungiert.

Skeptiker haben sich über solche Treffen stets lustig gemacht und die Männer als Bäume umarmende, trommelnde, kindlichem Machismo und dem Klischee des noblen Wilden huldigende Deppen verunglimpft. Doch Bly ist von ihrer Wirkung überzeugt, und seine Bücher finden eine begeisterte Leserschaft.

Ein anderer Versuch, den entfremdeten Männern Freuden und Verantwortung des Familienlebens nahe zu bringen, war die Bewegung mit Namen »Promises«, die in den USA entstand. Tausende von Männern marschierten in dieser Bewegung mit, deren Anführer das Vertrauen der Teilnehmer in sich selbst als Partner und Väter wieder herstellen wollte. Zwar hat die Männerbewegung nirgendwo sonst ein solches Echo gefunden wie in den USA, aber viele Männer weltweit haben ihre Gefühle der Trauer und der Ungerechtigkeit über die zwangsläufige Trennung von ihren Kindern nach einer Scheidung mittlerweile Ausdruck verliehen. Viele von ihnen sind der Meinung, dass die Gesellschaft sie hier benachteiligt, und sie kämpfen darum, ihre Kinder häufiger zu sehen. Die sozialen Veränderungen und die Veränderungen der Familienstrukturen haben mit Sicherheit Heerscharen verletzter Individuen produziert, die ihre Orientierung und ihren Platz in der Gesellschaft verloren haben.

Von verschiedenen Planeten?

Der »neue Mann«, das Etikett der Medien für einen Mann, der sich stärker an der Beziehungs- und Familienarbeit beteiligt, ist inzwischen zu einer Witzfigur geworden. Durch die Fernsehserien schwappt eine Welle männlicher Werte bei den »echten Kerlen«, und es kommt zu einer Wiederentdeckung ihrer weiblichen Gegenstücke. Gibt es also gar keine Hoffnung für ein besseres Verständnis der Geschlechter untereinander?

Es gibt Hinweise darauf, dass trotz – oder vielleicht wegen – wachsender Gleichberechtigung in den letzten 30 Jahren die Beziehungen zwischen Männern und Frauen immer noch durch große Unterschiede in der Kommunikation und der Ausdrucksfähigkeit beeinträchtigt sind. Der anhaltende Erfolg solcher Bücher wie »Männer sind anders, Frauen auch« von John Gray[19] scheint die von Männern und Frauen wahrgenommenen Schwierigkeiten, sich untereinander zu verständigen, zu bestätigen, sodass sie den Eindruck haben, von unterschiedlichen Planeten zu stammen. Die Tatsache, dass sich die Bücher dieses Autors so glänzend verkaufen, bestätigt nur, wie sehr sich die Menschen um eine Lösung ihres Problems bemühen, obwohl es natürlich interessant wäre zu erfahren, wie viele Männer dieses Buch seit seinem Erscheinen 1993 gekauft und wirklich gelesen haben, denn Bücher dieser Art werden hauptsächlich von Frauen gelesen.

Gray geht davon aus (und beruft sich dabei auf Forschungsergebnisse der Evolutionspsychologie und der Kommunikationswissenschaften), dass Männer und Frauen völlig unterschiedliche Wertvorstellungen und Maßstäbe haben, die in ihre Art zu kommunizieren eingehen und Grundlage der zahlreichen Missverständnisse zwischen den Geschlechtern sind. Frauen (von der Venus), so versichert uns Gray, »schätzen Liebe, Kommunikation, Schönheit und Beziehungen. Sie verbringen einen Großteil ihrer Zeit, indem sie einander helfen und pflegen. Das weibliche Selbstbewusstsein definiert sich durch Gefühle und die Qualität von Beziehungen«. »Männer (vom Mars) schätzen es, Macht zu haben, kompetent zu sein, effizient zu arbeiten und etwas zu leisten. Sie machen ständig etwas, um sich selbst zu beweisen, dass sie etwas können, und entwickeln ihre Fertigkeiten und ihre Kraft. Männliches Selbstverständnis definiert sich durch die Fähigkeit, etwas Greifbares hervorzubringen. Erfüllung finden sie in erster Linie im Erfolg.«

Diese fundamentalen Unterschiede zwischen den Geschlechtern spiegeln sich auch in ihren Kommunikationsstilen, so Gray. Wenn ein Mann Probleme hat, zieht er sich »in seine Höhle zurück« und arbeitet an einer Lösung. Wenn eine Frau Probleme hat, möchte sie darüber reden. Das Buch ist durchsetzt mit »Übersetzungen« von Marsmännern für Venusfrauen und umgekehrt und soll helfen, den Kommunikationsstil des anderen richtig zu interpretieren und zu verstehen. Ein Beispiel: Fragt eine Frau einen Mann: »Ist irgendetwas?«, und er antwortet: »Nein«, dann ist das die Kurzversion von »Nein, denn ich komme damit schon alleine zurecht und brauche keine Hilfe. Du hilfst mir am besten, wenn du mich in Ruhe lässt und darauf vertraust, dass ich alleine damit klar komme«. Ohne diese Erklärung würden Frauen das »Nein« falsch interpretieren, denn sie würden annehmen, dass er das Problem oder seine Gefühle verdrängt. Sie stellt dann Fragen und beginnt, über das zu reden, was sie selbst für das Problem hält. Sie weiß nicht, dass er sich nur verkürzt ausdrückt.

Teilweise werden diese Unterschiede auf fest verankerte Denkmuster zurückgeführt, teilweise wird behauptet, dies sei sozialisationsbedingt so, weil Männer – ganz im Gegensatz zu Frauen – von klein auf dazu angehalten würden, ihre Gefühle zu verbergen. Wieder andere sind der Ansicht, dass es mit der psychologischen Abnabelung des Mannes von der Mutter zu tun hat. Was auch immer der Grund sein mag, der gesunde Menschenverstand und die enormen Verkaufszahlen der Selbsthilfebücher lassen ahnen, dass es sich hier um so grundlegende Unterschiede handelt, dass der Krieg der Geschlechter wohl anhalten wird.

Die US-amerikanischen Psychologen J. M. Gottman und R. W. Levenson haben eine interessante Hypothese aufgestellt, warum sich Männer »in ihre Höhlen« zurückziehen.[20] Ausgehend von den unterschiedlichen Verhaltensweisen bei Ehepartnern analysierten sie eine Reihe von Studien zum vegetativen Nervensystem (Herzschlag, Blutdruck, Atemfrequenz etc.) von Männern und seine Beeinflussung durch Stress. Wenn es zu geringfügigen Spannungen zwischen Mann und Frau kommt, kann das der Mann verkraften. Bei stärkeren Spannungen wird das vegetative Nervensystem so stark in Unruhe versetzt, dass sich der Mann zurückziehen muss, um es wieder zu beruhigen. Eine mögliche Erklärung dafür lautet, dass die genetisch verankerte Stressreaktion bei Männern eigentlich in einem Angriff bestünde, was im ehelichen Kontext natürlich unangemessen wäre.

Frühere Generationen haben diese unterschiedlichen Ausdrucksformen einfach hingenommen, vermutlich schon deswegen, weil weibliche und männliche Verhaltensweisen mehr oder weniger festgeschrieben waren. Bei den heutigen Kleinfamilien sind Frauen und Männer emotional stärker voneinander abhängig. Hinzu kommen veränderte Erwartungen und eine stärkere Tendenz zu Partnerschaftlichkeit in ehelichen Beziehungen. Beide Partner bemühen sich heute vielleicht stärker um Intimität und Verständnis, als dies früher bei Paaren üblich war.

7

DIE HALTBARKEIT VON BEZIEHUNGEN

Die meisten Frauen heiraten in der Hoffnung,
ihr Mann werde sich ändern, aber er wird es nicht.
Die meisten Männer dagegen heiraten in der Hoffnung,
ihre Frau werde sich nicht ändern, aber sie wird.

unbekannt

Würden wir bei der Beurteilung der Erfolgsaussichten einer romantischen Liebe hauptsächlich von den Opernarien, Liedern und Gedichten darüber ausgehen, müssten wir damit rechnen, dass die meisten Liebesbeziehungen mit Tränen und mindestens einem gebrochenen Herzen enden. Dagegen müssten wir alle Romane und Filme mit Happyend setzen, alles, angefangen von den Groschenromanen, über die Literatur z.B. von Jane Austen bis hin zu den Märchen, in denen die Heldin für gewöhnlich ihren Prinzen bekommt und mit ihm glücklich lebt bis an ihr Lebensende. Doch wir wissen nur allzu gut, dass weder das eine noch das andere im wirklichen Leben die ganze Wahrheit über die Liebe ist. Meistens ist sie weder so tragisch noch so idyllisch. Für gewöhnlich gibt es Hochs und Tiefs in einer Beziehung und viele überdauern auch ernsthafte Schwierigkeiten. Die Partner leben also eher mehr oder weniger glücklich zusammen bis an ihr Lebensende. Die meisten machen dennoch irgendwann in ihrem Leben die traumatische Erfahrung eines schleichenden oder plötzlichen Endes einer Beziehung, was ihre Zufriedenheit und ihre Fähigkeit, ihr Leben zu meistern, für Wochen, Monate oder gar Jahre zerstören kann.

Statistiken zeigen, dass in Großbritannien, Westeuropa und den USA immer weniger Beziehungen auf Dauer halten. Einer Untersuchung zufolge gab es 1997 in Großbritannien ca. 180 000 Scheidungen gegenüber 30 000 1961.[1] Das heißt, dass gegenwärtig zwei von fünf Ehen geschieden werden. Und doch sind die Aussichten verheirateter Paare immer noch besser als die von Paaren, die ohne Trauschein zusammen leben. Ihr Risiko einer Trennung ist drei- bis viermal so hoch. Laut einer Untersuchung des Family Policy Studies

Centre vom März 2000 gibt es in Großbritannien 1,6 Millionen allein Erziehende, wobei allein erziehende Mütter die am schnellsten wachsende Gruppe bilden. Noch vor 20 Jahren hätten diese Frauen geheiratet – allerdings nur, um ihre Beziehung dann zerbrechen zu sehen, sagen die Autoren der Studie. Allein erziehende Mütter seien heute, was früher die jungen Frauen gewesen seien, die heiraten »mussten« und deren Ehen scheiterten.[2]

Trotz der wachsenden Zahl von Lebensgemeinschaften ohne Trauschein und der Tendenz der Paare, die Hochzeit hinauszuschieben, heiratet doch immer noch die Mehrheit. Leider zeigen Statistiken aus den USA, dass die Paare, die sich voller Zuversicht versprechen, zusammenzubleiben, »bis dass der Tod uns scheidet«, meist einige Jahre später vor dem Scheidungsrichter stehen. Zweitehen haben geringere Überlebenschancen[3] und Lebensgemeinschaften ohne Trauschein sogar noch geringere. Der Verfasser einer Studie über modernere Ehegemeinschaften vermutet, dass zusammenlebende Paare sich konventionellen Werten nicht so sehr verpflichtet fühlen wie Paare, die heiraten, und dass das Fehlen dieser Werte die höhere Trennungsrate bedingt und nicht das Fehlen der formellen ehelichen Bindung.[4]

Von den 23,6 Millionen Haushalten in Großbritannien besteht fast ein Drittel aus Singles. Das sind fast dreimal so viele wie 1961. Durchaus nicht alle dieser sechs Millionen würden es vorziehen, mit einem Partner bzw. einer Partnerin zusammenzuleben, wenn sie die Wahl hätten. Der Bericht des Family Policy Studies Centre porträtiert eine sich verändernde Gesellschaft, in der Ehen und Partnerschaften zerbrechlicher sind als jemals zuvor.

Zu einem gewissen Teil kann die wachsende Zahl von Singles und allein Erziehenden auf den gesellschaftlichen

Wandel zurückgeführt werden. Obwohl die 60er-Jahre damals als die Jahre der sexuellen Revolution galten, war eine allein erziehende Mutter oder eine Scheidung immer noch mit einem Stigma behaftet, und nur wenige Frauen hatten die Möglichkeit, sich aus einer unglücklichen Ehe zu befreien, schon gar nicht, wenn sie Kinder hatten. Selbst heute noch ist das kein einfacher Schritt. Trotzdem entscheiden sich immer mehr Menschen für das Singledasein, oft, weil es die bessere Alternative zu einer unglücklichen Beziehung zu sein scheint oder auch, weil sie bisher noch niemanden gefunden haben, mit dem sie zusammen leben möchten.

Gute Argumente

Was also entscheidet darüber, ob eine Partnerschaft an den ersten Schwierigkeiten zerbricht oder ob es später mal ein Foto von der goldenen Hochzeit gibt, auf dem beide fröhlich die Torte anschneiden? Die Forschungen lassen vermuten, dass weder materielle Absicherung noch Kompatibilität so ausschlaggebend sind, wie uns die Romanciers glauben machen wollen, obwohl natürlich beides durchaus nicht schadet. Der alles entscheidende Faktor für glückliche und dauerhafte Partnerschaften ist offenbar die Art und Weise, wie mit Konflikten umgegangen wird. Dabei haben sowohl diejenigen, die Auseinandersetzungen um jeden Preis vermeiden, als auch diejenigen, die nie Ruhe geben können, die geringsten Erfolgsaussichten. Männer neigen eher zur Vermeidungstaktik, während Frauen Auseinandersetzungen endlos ausdehnen können und dadurch manchmal aktiv dazu beitragen, dass sich eine Situation zuspitzt. Eine Studie von Howard

Markman begleitete 135 Paare zwölf Jahre lang. 21 ließen sich innerhalb dieses Zeitraumes scheiden.[5] Die Unfähigkeit der Paare, mit Konflikten umzugehen, war ein ziemlich zuverlässiger Indikator für die Zerbrechlichkeit einer Partnerschaft. Die Männer in den zerbrochenen Partnerschaften leugneten die Konflikte oder verweigerten die Auseinandersetzung, während die Frauen dazu neigten, die Konflikte zu dramatisieren oder ihre Partner so weit zu treiben, dass es zu einem regelrechten Kleinkrieg kam. Allein aufgrund der Beobachtung, wie Paare sich in Konfliktsituationen verhielten, war es in 93 Prozent der Fälle möglich, korrekt vorherzusagen, ob die Partnerschaft scheitern würde oder nicht. Wenn die normalen Streitigkeiten, die es in jeder Partnerschaft gibt, nicht für beide Seiten zufrieden stellend beigelegt werden, baut sich langsam, aber sicher Groll auf, der langfristig zu destruktivem Verhalten führt, bis die negativen Gefühle gegenüber den positiven irgendwann überwiegen. Das ist dann der Anfang vom Ende.

In seinen späteren Arbeiten befasst sich Markman genauer mit dem Verhalten von Paaren bei Streitigkeiten. Danach sind die Aussichten für den dauerhaften Fortbestand einer Beziehung am schlechtesten, wenn man entweder vor Konflikten davonläuft oder »aus einer Mücke einen Elefanten macht«. Markman identifizierte dabei einige besonders nachteilige Vorgehensweisen[6]: Die erste nennt er »beam me up, Scotty« bzw. die »Himmel-hilf-Attitüde«, wobei meist der Ehemann, bis zum Äußersten vom ständigen Genörgel seiner Frau genervt, die Augen himmelwärts verdreht, als suche er dort Beistand. Das ist nach Markman ein sicheres Mittel, um die Situation zum Eskalieren zu bringen, anstatt sie zu entschärfen. Eine ebenso schlechte Alternative ist die Beendigung einer Auseinandersetzung mit den Worten »Ich geb's auf. Mach doch was du willst. Sag einfach, wie du's haben willst und ich mach's dann«. Seit Chamberlain und Hitler wissen wir, so Markman, dass Appeasementpolitik nichts nützt. Es wäre, als sagte man: »Dann nimm halt Polen und die Tschechoslowakei und lass mich in Ruhe.« Das fast unvermeidliche Ergebnis ist eine Eskalation des Streits, da sich die aufgebrachte Partnerin nicht verstanden und nicht ernst genommen fühlt. Sie wird vielmehr zu immer stärkeren Mitteln greifen, in der Hoffnung, doch noch die gewünschte Reaktion zu bekommen. Genauso schädlich ist es, eine bloße Meinungsverschiedenheit zu einem echten Konflikt aufzubauschen, oder wie Markman es formuliert: »Zunächst sind sie unterschiedlicher Meinung darüber, wann das Spülmittel ins Abwaschwasser kommt, und schließlich schreien sie sich an, dass Sie einander verlassen werden.« Doch das gefährlichste Verhalten von allen sind persönliche Angriffe und Beleidigungen in dem Stil: »Du solltest wirklich eine Gehirntransplantation machen lassen.« Sie lassen sich nur durch sehr, sehr viele Freundlichkeiten wieder gutmachen.

Es wurden Vermutungen darüber aufgestellt, wie es überhaupt zu einer solchen negativen Spirale kommen kann.[7] Zur Verdeutlichung wurde eine Frau als Ausgangspunkt genommen, die ständig an ihrem Partner herumnörgelt, er solle seine Socken nicht herumliegen lassen, sondern sie in die Wäsche tun. Wenn er es dann endlich tut, verstärkt sie das Nörgeln, sodass es irgendwann zu einem festen Bestandteil ihres Verhaltens wird. Zwar ist es gut, den Wünschen des Partners zu entsprechen, aber nur in einer offenen und aufrechten Art und Weise und möglichst verbunden mit einer Gegenleistung bzw. einem Entgegenkommen des anderen. Handelt es sich aber eher um eine einseitige »Kapitulation«, wird wahrscheinlich schwelender Groll daraus entstehen.

Ein zärtlicher Blick und liebe Worte

John Gottman von der Washington University hat in den vergangenen 20 Jahren umfangreiche Untersuchungen über die Unterschiede zwischen glücklichen und unglücklichen Ehen angestellt. Eine der aufschlussreichsten war eine acht Jahre dauernde Begleitung von 130 frisch verheirateten Paaren. Während dieser Zeit füllten sie Fragebogen aus und wurden interviewt. Außerdem wurden Videoaufnahmen gemacht, um zu sehen, wie sie mit Konfliktsituationen umgingen, Meinungsverschiedenheiten beilegten, sich im Streit verhielten und Ratschläge erteilten bzw. annahmen.[8] Zu ihrem Erstaunen stellten die Wissenschaftler fest, dass der Ratschlag vieler Ehetherapeuten, einander besser zuzuhören und das Gesagte mit eigenen Worten zu wiederholen, nicht funktionierte. Paare aufzufordern, solche Techniken anzuwenden, wenn diese sich mitten in einer hitzigen Auseinandersetzung befinden, ist schlichtweg unrealistisch und erfordert mehr Selbstkontrolle, als die meisten Menschen besitzen.

In den nicht funktionierenden Beziehungen neigte der Ehemann zu autokratischem Verhalten, schenkte den Sorgen seiner Frau keinerlei Gehör und erteilte selbstgerecht Ratschläge. Die Frau ihrerseits brachte Klagen und Ratschläge in einer aggressiven und konfrontativen Art vor, die eine verärgerte Reaktion von Seiten des Mannes provozierte. Hinzu kommt, so Gottman, dass solche Paare zu wenig gemeinsame positive Erlebnisse haben.[9] Bei 2 000 Paaren konnte er mit Hilfe einer relativ einfachen Gleichung mit ziemlicher Sicherheit vorhersagen, welche Paare sich trennen würden: Zufriedene Paare haben fünfmal so viele positive wie negative gemeinsame Erfahrungen, bei unzufriedenen Paaren halten sie sich in etwa die Waage. In glücklichen Beziehungen hörte der Ehemann auf seine Frau und folgte ihrem Rat oder wertete ihn zumindest positiv, auch wenn er ihm nicht voll und ganz zustimmen konnte. Die Ehefrau bemühte sich, Sorgen und Ratschläge in freundlichem Ton vorzubringen, was eine positive Reaktion auf Seiten des Mannes beförderte. Eigentlich nichts Neues, sollte man meinen, und trotzdem bekommen es viele Paare nicht hin. In Interviews mit der *Times*[10] und mit der *Los Angeles Times*[11] verglich Gottman eine erfolgreiche Ehe mit einer Jazzband. Das entspräche in etwa der Musik und der Improvisation innerhalb einer Partnerschaft. Sich auseinander zu setzen sei eine sehr gesunde Sache, vorausgesetzt, man verträgt sich auch schnell wieder und ist in seiner Zuneigung genauso offen wie in seinem Ärger. Aufgrund seiner Beobachtungen lautet die Empfehlung für eine glückliche Beziehung: »Vertiefen Sie den Aspekt der Freundschaft innerhalb der Ehe und verbessern Sie die Streitkultur. Auch im Streit muss es eine Grundfreundlichkeit geben. Männer müssen lernen, die Position der Frau besser zu verstehen, und Frauen müssen lernen, Diskussionen weniger aggressiv anzugehen.«

Peter Fraenkel und seine Kollegen vertreten einen Ansatz der Prävention, um Paaren mit Eheproblemen zu helfen.[12] Die meisten Paare warten zu lange und kommen zu spät zur Therapie, nämlich erst dann, wenn die Beziehung bereits irreversibel Schaden genommen hat. Werden Schwierigkeiten frühzeitig angegangen, kann man den Paaren helfen, Positionen zu finden und Techniken für den Streitfall zu entwickeln. Eine dieser Techniken ist die Benutzung einer Eieruhr, um sicherzustellen, dass jeder einige Minuten hat, um seinen Standpunkt ohne Unterbrechung vorzutragen.

Stresszeiten

Es ist bekannt, dass Veränderungen der Lebensumstände mit Stress einhergehen. Deshalb hat die Psychologie sich mit solchen Zeiten der Veränderungen im Leben beschäftigt wie z.B. Heirat, Geburt eines Kindes, Verlust oder Wechsel des Arbeitsplatzes und wie sie sich auf eine Partnerschaft auswirken.

Die Heirat ist ein erster großer Einschnitt im Leben – und wiederum anders, als der romantische Mythos uns weismachen will, glauben viele Psychologen, dass die Zeit auf Wolke sieben kaum von längerer Dauer ist als die Haltbarkeit der Sahne auf der Hochzeitstorte. Bei 100 frisch Verheirateten fanden der amerikanische Psychologe Ted Huston und seine Kollegen heraus, dass sich zwischen drei und 15 Monaten nach dem Gang zum Altar einige wichtige Aspekte in einer Beziehung ausgesprochen nachteilig entwickelten.[13] Die Paare waren weder mit ihrer Beziehung noch mit ihrem Liebesleben so zufrieden wie zuvor. Sie sagten sich seltener, dass sie sich liebten, machten einander weniger Komplimente und sprachen seltener über ihre Gefühle. Und was noch wichtiger ist: Obwohl sie kaum weniger Zeit miteinander verbrachten als vor ihrer Heirat, wurde nun ein größerer Teil der gemeinsamen Zeit mit Aufgaben wie Einkaufen, Haushalt etc. verbracht und weniger mit Gesprächen, Ausgehen oder Spaß haben wie ehedem. Trotzdem, so Huston, waren die meisten Paare immer noch relativ zufrieden in ihrer Partnerschaft.

Carol Sigelman und David Shaffer beobachteten, dass überaus glückliche Beziehungen sich in zwar immer noch glückliche, aber ambivalentere verwandelten.[14] Liegt das daran, dass wir die Augen vor den Fehlern des anderen verschließen, bevor wir den Bund der Ehe eingehen, bzw. hoffen wir, dass der jeweils andere sich ändern möge? Oder liegt es daran, dass wir den anderen und das, was er zu geben hat, allmählich für selbstverständlich halten und uns selbst nicht mehr so viel Mühe geben, nachdem wir ihn erst einmal am Haken haben? Eines steht jedenfalls fest: Die Ehe ist kein statischer Zustand, sondern etwas, das sich von Beginn an beständig entwickelt und verändert.

Eine weitere einschneidende Veränderung ist die Geburt eines Kindes. Obwohl die meisten frisch gebackenen Eltern behaupten, der Familienzuwachs bereichere ihr Leben[15], sinkt doch die Zufriedenheit mit dem Partner gehörig ab, wobei es vielleicht nicht verwundert, dass dies für die Frauen stärker gilt als für die Männer.[16, 17] Schließlich wirkt sich die Geburt eines Kindes auch heute noch auf das Leben der Mutter viel stärker aus als auf das Leben des Vaters. Nach der Geburt eines weiteren Kindes sinkt die Zufriedenheitskurve ein weiteres Mal ab und steigt erst wieder an, wenn die Kinder das Haus verlassen (s. Abb. 8).

Die Gründe dafür, warum die Zufriedenheit innerhalb einer Ehe nach der Geburt eines Kindes sinkt, sind vielschichtig, haben aber in der Hauptsache mit dem Aufbau eines Beziehungsdreiecks zu tun. Da die Frau viel von ihrer Zeit und ihrer Aufmerksamkeit dem Neuankömmling widmet, fühlt sich der Mann häufig zurückgesetzt. Das und die erzwungene sexuelle Abstinenz während der Schwangerschaft und danach verleiten den Mann nicht selten zu einer Affäre, denn zumindest während der ersten Schwangerschaft hat das Paar mit Sicherheit weniger Sex.[18] Dazu kommt ein größerer finanzieller Druck sowie Einschränkungen bei der Freizeitgestaltung und bei sozialen Kontakten. In weniger glücklichen Ehen ist es vielleicht noch nicht einmal die Geburt des Kin-

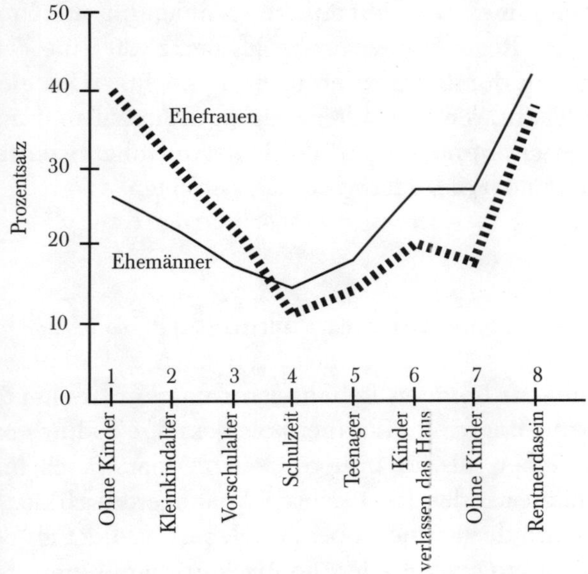

Abb. 8: Einfluss von Lebensereignissen auf die Zufriedenheit von Ehepaaren in diesen Lebensphasen nach eigenen Aussagen (Rollins und Feldman, 1970[19]).

des selbst, die Schwierigkeiten mit sich bringt, sondern der Umstand, den anderen ab jetzt teilen zu müssen.

Einige scheinen mit dem Stress durch die veränderte Situation besser zurechtzukommen als andere.[20] Das mag mit ihrer Ausdauer zusammenhängen, die ihrerseits von ihren Erfahrungen als Kind abhängt. Außerdem scheinen sich »ältere« Paare, die das Kinderkriegen zunächst verschieben, besser mit den neuen Anforderungen arrangieren zu können als junge Paare, die sich nicht nur erst an den Zustand des Zusammenlebens gewöhnen müssen, sondern zusätzlich mit einem Kind kurze Zeit nach der Heirat belastet sind.[21] Paare, die eine realistische Vorstellung davon haben, inwieweit sich ihr Leben mit einem Kind ändert, kommen mit der Umstellung in der Regel besser zurecht als Paare, die eine Familiengründung durch die rosarote Brille sehen.[22] Das gleiche gilt für Paare, die ihre Eltern als warmherzig und aufgeschlossen erlebt haben und die Unterstützung gegenseitig, durch Freunde und/oder Verwandte erhalten.

Hohe Erwartungen

Aufgrund der höheren Lebenserwartungen ist es heute für Paare schwieriger, den Partner »bis dass der Tod uns scheidet« zu lieben, als für frühere Generationen. Noch im 19. Jahrhundert wurden Ehen sehr viel häufiger durch den vorzeitigen Tod der Partnerin bei der Geburt beendet als durch eine Scheidung. Und allen politischen Bemühungen zum Trotz wird die als so glücklich und harmonisch gepriesene Kernfamilie immer seltener, da immer mehr Menschen als Singles leben. Eine Abfolge von Beziehungen löst die lebenslange Partnerschaft allmählich ab.

Die Soziologinnen Kathleen Kiernan und Ganka Mueller analysierten drei große Untersuchungen über das Leben Erwachsener.[23] Dabei identifizierten sie mehrere Umstände, bei denen die Gefahr einer Scheidung am größten ist: materieller Mangel; wenn mindestens einer von beiden bereits vor der Ehe mit anderen zusammengelebt hat; sehr frühe Bindung; geschiedene Eltern; emotionale Labilität. Zu letzterem gehören Depressionen, geringes Selbstwertgefühl oder mangelnde Selbstakzeptanz bzw. Unzufriedenheit mit sich selbst. Mit anderen Worten, viele von uns tragen ein beträchtliches Risiko.

Es soll dabei keineswegs der Eindruck entstehen, eine Scheidung sei ein pathologisches Phänomen. Prominente oder besonders kreative Menschen haben im Durchschnitt eine höhere Scheidungsrate als der Rest der Bevölkerung. Das mag auch etwas mit ihrem »Wiederverkaufswert« zu tun haben, d.h. wie leicht sie eine neue Partnerschaft eingehen können. Scheidung ist also beileibe kein Anzeichen für ein Versagen im Leben.

Schwierigkeiten wie Langeweile, Meinungsverschiedenheiten oder Desillusionierung gibt es wohl zwangsläufig hin und wieder in jeder Beziehung, vor allem angesichts der gestiegenen Erwartungen an gemeinsam verbrachte Zeit und gegenseitige Anforderungen. Aufgrund des Niedergangs christlicher Werte und traditioneller Moral sind Untreue und Affären gesellschaftlich nicht mehr so stigmatisiert wie früher. Trotzdem zerstört Untreue heute vermutlich mehr Partnerschaften, weil man perfekte Partner erwartet. So erzählt Penny Mansfield, die Direktorin der Heirats- und Partnerschaftsforschungsstiftung One plus One im *Guardian*, dass der Wunsch nach Perfektion der Hauptfeind von Beziehungen ist sowie die irrige Vorstellung, etwas stimme mit der Beziehung nicht, sobald nicht alles perfekt läuft.[24]

One plus One führte eigene Forschungen darüber durch, was eine Beziehung dauerhaft macht. Befragungen ergaben Kameradschaftlichkeit, gemeinsame Pläne und Ideale, gegenseitiger Respekt und – vor allem – die Fähigkeit, auch Durststrecken einer Beziehung zu überstehen.[25] Diese Ergebnisse bestätigen frühere Forschungsarbeiten der US-amerikanischen Psychologen Benjamin Karney und Thomas Bradbury.[26] In einer umfassenden Analyse verschiedener psychologischer Ansätze in der Partnerschaftsforschung kommen sie zu dem Schluss: »Ehepaare müssen mit einer ganzen

Reihe von stressigen Ereignissen und Umständen im Laufe ihres Lebens fertig werden. Ihre Anpassungsfähigkeit hängt auch vom Grad der Belastungen ab sowie von den wunden Punkten und seelischen Verletzungen, die jeder in die Beziehung mitbringt. Die zunehmende Erfahrung mit diversen Anpassungsstrategien beeinflusst mit der Zeit ihr Urteil über die Qualität ihrer Ehe, was sich wiederum positiv auf die Stabilität ihrer Partnerschaft auswirkt.«

Schließlich scheint es auch von Vorteil zu sein, wenn einer von beiden in der Lage ist, den anderen ein Stück weit zu idealisieren und die rosarote Brille möglichst lange aufzubehalten. In mehreren Studien stellten Sandra Murray und andere fest, dass Paare, die ihre nicht perfekten Partner in einem wohlwollenden Licht sehen können (d.h. ihnen positive Eigenschaften zuschreiben, die sie eigentlich nicht besitzen), häufig sehr zufrieden in ihren Beziehungen sind.[27] Ihre Zufriedenheit wächst mit der Zeit, und gleichzeitig verringern sich die Schwierigkeiten. Außerdem scheinen sich positive Illusionen über den Partner manchmal sogar zu erfüllen: »Liebe ist zwar nicht blind, aber zukunftsweisend.« Wie bei anderen Lebensumständen auch lohnt es sich in einer Ehe nach dem »Silberstreif am Horizont« zu suchen.

8

TREUE

Die Voraussetzung für eine gute Ehe ist
die Erlaubnis zur Untreue

Carl Jung[1]

Die meisten von uns kennen Geschichten von idyllischen (meist irgendwo in den Tropen gelegenen) Inselgesellschaften, wo sexuellen Aktivitäten keinerlei Schranken gesetzt werden. In Wahrheit jedoch ist solche Freiheit überaus selten, wenn es sie in reiner Form überhaupt irgendwo gibt. Mehrheitlich wird in den Kulturen sehr wohl geregelt, wer Sex mit wem und unter welchen Umständen haben darf. In der Praxis kann das durchaus bedeuten, dass ein Mann mehrere Frauen haben kann – nicht aber umgekehrt. In den westlichen Gesellschaften bekennt man sich – zumindest im Prinzip – zur Monogamie. Die Vorstellung, dass auch eine Frau mehrere Partner haben oder sexuell aktiv sein kann, wann immer sie will, war in den meisten Gesellschaften schon immer ein Anathem, auch heute noch.

Ein möglicher Grund für diese Kontrolle ist der beim Menschen sehr ausgeprägte Sexualtrieb, der ohne Schranken wohl ein Chaos in der Gesellschaft auslösen würde. Das Problem dabei ist zu erklären, warum das für Frauen angeblich mehr gelten sollte als für Männer. Doch da die Macht immer in den Händen der Männer lag, hatten sie es natürlich relativ leicht, die Sexualität bei den Frauen zu reglementieren und zu unterdrücken. Aber auch ältere Frauen sind offenbar daran interessiert, die »Moral« bei den jungen Frauen zu stärken. Zweierlei Maß hinsichtlich der Sexualität für beide Geschlechter ist vermutlich die Folge davon, dass Sex zwar für Frauen ernsthafte Konsequenzen haben kann (mögliche Schwangerschaft), kaum aber für Männer. In einigen westlichen Ländern ist der soziale Druck hinsichtlich dieser Normen in den letzten Jahren jedoch stark zurückgegangen, sodass auch den Frauen nun hinsichtlich ihrer Sexualität größerer Freiraum eingeräumt wird, wenn auch die Ansichten darüber, was akzeptabel ist, nach wie vor stark divergieren. Was also wissen wir wirklich über das eigentliche sexuelle Verhalten und die sexuellen Vorlieben des Menschen? Unterscheiden sich Frauen und Männer überhaupt darin?

Auf der Suche nach den Antworten hat man sich mit dem Verhalten von Tieren befasst. Die Untersuchungen belegen, dass die wenigsten Spezies monogam sind, vermutlich nicht mehr als drei Prozent. Davon sind die meisten Vögel und nur wenige Säugetiere, obwohl es sogar einen Primaten darunter gibt, nämlich den Gibbon. Natürlich sagt uns das nicht viel über das menschliche Verhalten, denn als einziges Lebewesen auf der Erde sind wir in der Lage, rationale Entscheidungen zu treffen. Menschen können ihr Verhalten kontrollieren, wenn sie die notwendige Willenskraft aufbringen. Niemand von uns unterliegt sklavisch seiner Biologie. Es ist wichtig, das stets im Hinterkopf zu behalten, wenn man die wissenschaftlichen Forschungsergebnisse auf diesem Gebiet betrachtet. Selbst wenn man akzeptiert, dass uns die Evolution mit Hilfe der Gene mit angeborenen Trieben und Impulsen ausgestattet hat, wie Hunger, Sexualtrieb oder Aggression, so haben wir stets die Freiheit, uns gegen diese Instinkte zu entscheiden und anders zu handeln.

Ein anderer bedeutsamer Unterschied zwischen Mensch und Tier (jedenfalls den meisten Arten) ist, dass wir jederzeit Sex haben können – und oft auch wollen – und nicht nur, wenn die Frauen gerade fruchtbar sind. In den verschiedenen Phasen ihres Menstruationszyklus' ist die Lust auf Sex bei den Frauen sehr schwankend. So ist sie vor allem in der Zeit rund um die Ovulation stark ausgeprägt, was für die Erhaltung der Art natürlich von Vorteil ist. Zudem finden Männer die Frauen in dieser Zeit meist am attraktivsten. In der

Biologie wird zum Teil die Meinung vertreten, dass sich diese ständige Bereitschaft beim Menschen entwickelt hat, um die Bande zwischen den Partnern zu festigen, und zwar mindestens so lange, bis der Nachwuchs aus dem Gröbsten raus ist. Andere sind dagegen der Ansicht, dass die »permanente Hitze« der Menschenfrauen besser als »verkappte Ovulation« bezeichnet würde, d.h. die Frauen haben eine verbesserte Kontrolle bei der Partnerwahl und können mit »kühlem Kopf« entscheiden.[2] Der Überlebensvorteil bei dieser Strategie liegt auf der Hand. Auf diese Weise kann Sex nämlich wirkungsvoll gegen Ressourcen getauscht werden.

Sind Männer polygam?

Es gibt viele Gründe dafür anzunehmen, dass Männer einen natürlichen Instinkt haben, nach verschiedenen Partnerinnen zu suchen. Die Mehrheit unserer nächsten Artverwandten, der Primaten, lebt in Polygamie (das Männchen – natürlich – hat mehrere Weibchen). In einigen Teilen der Welt findet sich dieses Muster auch in menschlichen Gemeinschaften, und selbst in Gemeinschaften, die dies offiziell ablehnen, haben Männer neben ihren Frauen auch oft Geliebte (s. Abb. 9). Aus Sicht der Evolution erklärt sich das häufige Auftreten der Polygamie mit dem genetischen Instinkt der Männer, ihre Gene möglichst breit zu streuen. Je mehr Kinder ein Mann hat, desto größer ist die Wahrscheinlichkeit, dass einige überleben und sich ihrerseits fortpflanzen. Der Pionier der Sexforschung, Alfred C. Kinsey, der bereits seit 1948 über dieses Thema forscht, glaubt, dass der menschliche Mann sein ganzes Leben lang promiskuitiv wäre, wenn

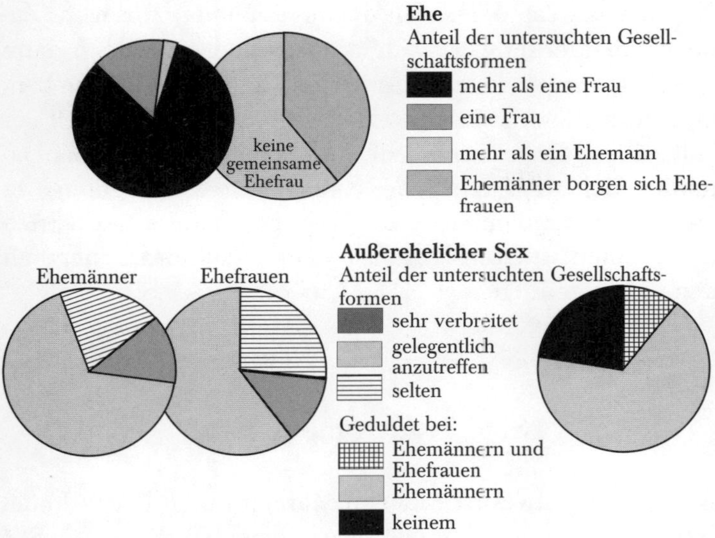

Abb. 9: Ehekonstellationen und Einstellungen gegenüber außerehelichem Sex in Gesellschaften rund um den Erdball. Polygynie ist häufig, Polyandrie nahezu unbekannt, Affären werden bei Männern eher geduldet als bei Frauen (Campbell, 1989[4]).

es keine gesellschaftlichen Schranken gäbe.[4] Das ist zwar eine grobe Verallgemeinerung, aber es ist vermutlich schon etwas Wahres dran.

Manchmal wird diese Tendenz dem männlichen Hang nach Abwechslung zugeschrieben. Neugier auf neue Erfahrungen ist zweifelsohne ein inhärenter Wesenszug vieler Menschen, vor allem bei Männern. Eine Anekdote über den US-Präsidenten Calvin Coolidge ist ein klassisches Beispiel für die männliche promiskuitive Neigung. Es wird erzählt, dass die First Lady mit ihrem Mann eine Hühnerfarm besuchte und fragte, wie oft der Hahn seine Hennen besteige. Als sie zur Antwort bekam, das geschehe mehrere Dutzend Mal am

Tag, bat sie, das doch bitte dem Präsidenten zu sagen. Zunächst reagierte der Präsident etwas bedrückt, doch dann fragte er, ob es sich dabei immer um die gleiche Henne handele, und erhielt zur Antwort, dass genau das Gegenteil der Fall sei, der Hahn wähle jedes Mal eine andere Henne. Daraufhin lächelte er und bat, das doch bitte Mrs. Coolidge zu sagen. Seitdem nennt man die Tatsache, dass der Sexualtrieb durch einen anderen Partner neu entfacht wird, scherzhaft den Coolidge-Effekt.

Sind Frauen monogam?

Aus Sicht der Evolution haben Männer durch Promiskuität wenig zu verlieren, aber viel zu gewinnen. Für Frauen ist Sex mit wechselnden Partnern aufgrund des Schwangerschaftsrisikos erheblich problematischer. Deshalb, so die Theorie, ist die Frau wählerisch geworden, denn sie will gute Gene für die Nachkommen und einen Partner, der sie und die Kinder versorgt. Mehrere Partner (Polyandrie) sind für sie also unpraktisch, weil dann letzten Endes vielleicht keiner die Verantwortung der Vaterschaft übernimmt. In vielen westlichen Gesellschaften gilt dies inzwischen nicht mehr. Heute verfügen Frauen entweder über Kontrazeptiva, oder sie sind in der Lage, das Kind auch ohne festen Partner aufzuziehen. Allerdings sind diese gesellschaftlichen Veränderungen noch zu neu, als dass sie Einfluss auf Gene, Instinkte oder Emotionen hätten nehmen können.

Es wurde auch die Vermutung geäußert, Frauen seien genetisch eher monogam, weil sie ein größeres Bedürfnis nach Sicherheit und Liebe hätten als Männer[5], weshalb sie nach einer langfristigen, sicheren und liebevollen Partnerschaft suchten, während Männern Sex mit das Wichtigste sei. Als Verallgemeinerung mag das gelten, doch in Wirklichkeit ist die Sache ein wenig komplizierter.

Ungeachtet der Theorien über mögliche Unterschiede zwischen den Geschlechtern hinsichtlich sexueller Kontakte außerhalb ihrer eigentlichen Beziehung, ist es eine Tatsache, dass auch Frauen immer schon außereheliche Affären hatten. Dass Schwangerschaften eine häufige Folge waren, belegt eine Studie von E. E. Phillip aus dem Jahr 1973.[6] Dazu nahm er Blutproben von einer Reihe von Frauen, Männern und Kindern in einer x-beliebigen Stadt im Südosten Englands. Sehr zu seinem Erstaunen stellte er fest, dass etwa jedes dritte Kind nicht vom offiziellen Vater stammen konnte. Es ist oft angezweifelt worden, dass diese Studie repräsentativ war. Ein Verhältnis von 1 zu 10 bzw. 1 zu 20 scheint realistischer. Statistiken der Child Support Agency, die auf Vaterschaftstests zum Zwecke der Alimenteforderungen bei Leugnen der Vaterschaft beruhen, legen einen Anteil von zehn Prozent nahe. Selbst dieser Prozentsatz, der die Frauen, deren Affäre nicht in einer Schwangerschaft mündete, unberücksichtigt lässt, widerspricht der allgemein verbreiteten Hypothese von der Monogamie der Frauen.

Es gibt gewisse Hinweise darauf, dass die Anzahl der Kinder, die nicht von ihrem offiziellen Vater stammen, je nach sozialer Schicht variiert. Zwei Studien aus den 90er-Jahren aus zwei Hochhaussiedlungen in verschiedenen Teilen Englands fanden bis 30 Prozent so genannter Kuckuckskinder. Wenn diese Zahl für die unteren sozialen Schichten stimmt, nicht aber für die Mittelschicht, kann das auch bedeuten, dass die Frauen der Mittelschicht mehr zu verlieren haben, wenn sie ihren »Versorger« durch außerehelichen Sex verprellen. Es sagt aber nichts aus über ihren Wunsch (oder dessen Mangel) nach anderen Partnern oder über ihre Norm- und Wertvorstellungen (vergleiche dazu R. Baker und E. Oram[7]).

Männer und ihre Gene

In seinem einflussreichen und kontrovers diskutierten Buch *Das egoistische Gen*[8] beschreibt der Verhaltensforscher Richard Dawkins, warum weibliche und männliche Tiere verschiedener Spezies unterschiedliche Strategien entwickeln, wenn es um einen oder mehrere Sexpartner geht, um die Chancen, ihre Gene weiterzugeben, zu maximieren. Er betont, dass sowohl Monogamie als auch Polygamie bei menschlichen Gemeinschaften zu finden sind, und schließt daraus auf eine eher kulturelle und weniger auf eine genetische Entwicklung des männlichen Verhaltens. Diejenigen, die mit seinen Arbeiten nicht so vertraut sind, wird diese Haltung vermutlich erstaunen. Aber, so schreibt er weiter, es könne durchaus sein, dass Menschenmänner eine Neigung zu Polygamie und Frauen eine Neigung zu Monogamie haben, da es aus Gründen der Evolution plausibel wäre. Welche Gesellschaftsform sich durchsetze, hänge von den kulturellen Gegebenheiten der jeweiligen Gemeinschaft ab.

Unabhängig davon, ob man nun darin übereinstimmt, dass die Weitergabe der Gene das höchste Ziel der Evolution ist, das sie durch die Fortpflanzung sicher stellt, steht fest, dass Kinder, die sich ihrerseits wieder vermehren, einer ihrer entscheidenden Faktoren ist. Der Mann kann zwischen zwei Möglichkeiten wählen. Er kann so viele Frauen wie möglich schwängern in der Hoffnung, dass einige Nachkommen überleben und seine Gene weitertragen. Oder er kann sich voll und ganz für eine Partnerin und die gemeinsamen Kinder einsetzen und durch seine dauerhafte Anwesenheit dafür sorgen, dass kein anderer Mann sie schwängert. Beide Ansätze finden sich in der Tierwelt, und beide Ansätze versprechen Erfolg. Vielleicht nimmt die Biologie darauf Einfluss, für welche Alternative sich ein Mann entscheidet. Diejenigen, die sich für mehrere Partnerinnen entscheiden, haben vielleicht eine besonders ausgeprägte Libido, meint der Biologe Robin Baker.[9] Seinen Forschungen zufolge korreliert die Libido mit der Größe der Hoden, und die ist genetisch bedingt.

Man hat sich auch mit unseren nächsten Artverwandten beschäftigt, mit Gorillas und Schimpansen, um Hinweise auf mögliche Zusammenhänge zwischen körperlichen Merkmalen und sexuellem Verhalten zu finden. Viele Gorillas haben einen Harem und setzen ihre imposante Größe und Kraft ein, um ihn gegen andere Männchen zu schützen. Sie brauchen also keine großen Hoden zur massenhaften Produktion von Spermien, die mit den Spermien von Rivalen konkurrieren müssten. Schimpansen sind promisk, obwohl sie manchmal »Flitterwochen« mit einem Weibchen verbringen, bevor sie wieder Ausschau halten. Das bedeutet aber, dass sie eine große Anzahl Spermien produzieren müssen, die mit denen anderer Männchen konkurrieren können, die Sex mit demselben Weibchen hatten. Deshalb haben Schimpansen im Verhältnis zu ihrem Körper größere Hoden als Gorillas. In beiden Fällen scheinen die Weibchen zufrieden zu sein, nicht so jedoch bei Orang-Utans. Hier nutzen die Männchen ihre körperliche Überlegenheit aus und vergewaltigen die Weibchen. Bei den Gibbons wiederum bilden sich lebenslange

Partnerschaften und bezeichnenderweise gibt es keine ausgeprägten Größenunterschiede zwischen den Geschlechtern. Beurteilt man den Menschen nach diesen Kriterien, so steht er dazwischen. Männer sind im Durchschnitt etwas größer als Frauen und ihre Hoden sind weder auffallend groß noch klein im Verhältnis zu ihrer Körpergröße (s. Abb. 10). Das passt auch zu den Beobachtungen hinsichtlich des vielfältigen sexuellen Verhaltens der Menschenmänner. Sie sind polygam (wie Gorillas), promisk (wie Schimpansen), monogam (wie Gibbons) und manchmal vergewaltigen sie Frauen auch (wie Orang-Utans). All diese Strategien versprechen Erfolg – wenn es um die Weitergabe von Genen geht.

Bei diesem Diagramm fällt auf, dass der Mensch im Verhältnis zu seinem Körper einen sehr großen Penis hat. Warum das so ist, weiß man bisher nicht. Man vermutet aber, dass weibliche Präferenz über Abertausende von Jahren hier ihren genetischen Niederschlag gefunden hat und entsprechend ausgestattete Männer größere Chancen bei der Fort-

Die Kreise in der Abbildung stehen für die relative Körpergröße von weiblichen bzw. männlichen Exemplaren der jeweiligen Spezies (sexueller Dimorphismus), die Pfeile für die relative Penisgröße.

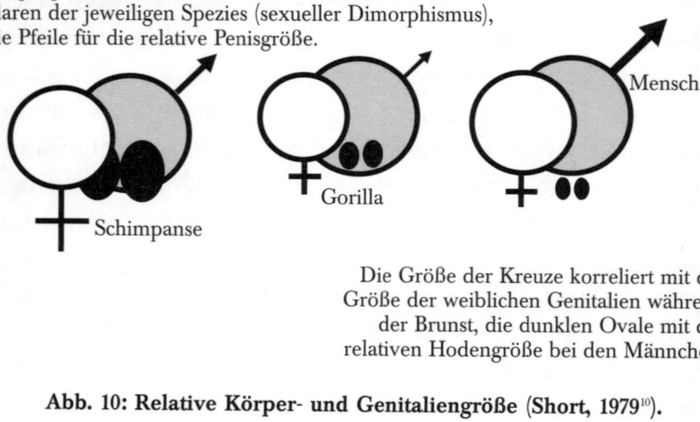

Die Größe der Kreuze korreliert mit der Größe der weiblichen Genitalien während der Brunst, die dunklen Ovale mit der relativen Hodengröße bei den Männchen.

Abb. 10: Relative Körper- und Genitaliengröße (Short, 1979[10]).

pflanzung und damit bei der Weitergabe ihrer Gene hatten. (So nimmt man an, dass auch der Pfau durch weibliche Präferenz zu seinen enormen Schwanzfedern gekommen ist.) Bei den Menschenaffen kommen die Weibchen nicht zum Orgasmus. Dafür ist der Akt zu kurz. Vielleicht haben Frauen Männer mit größerem Penis deshalb bevorzugt, um trotzdem eine gewisse Chance zu haben. Dabei ist ein Orgasmus nicht nur eine Frage der Empfindung, sondern erhöht vermutlich auch die Fruchtbarkeit der Frau und stärkt ihre Bindung an den Partner.

Wer braucht mehr Sex?

Einige neuere Forschungsarbeiten lassen vermuten, dass unsere Gene eine bisher ungeahnte Rolle dabei spielen, ob jemand eine Neigung zu sexueller Promiskuität hat. »Wie häufig Sie Lust auf Sex haben, ist vielleicht wirklich eine Frage Ihrer Gene«, sagt Dean Hamer, Molekulargenetiker an den National Institutes of Health in Bethesda, Maryland, USA. Bei der Hälfte von 250 untersuchten Männern wurden so genannte Libidogene, wie die Forschungsgruppe sie nannte, in ausgeprägtem Maße gefunden. Diese Männer hatten besonders häufig Sex, d.h. einmal am Tag oder häufiger. Männer ohne dieses Gen waren sehr viel genügsamer, manche so sehr, dass ihnen Sex dreimal im Jahr ausreichte. Das Gen wirkt sich offenbar über die Ausschüttungsmenge des Neurotransmitters Serotonin im Gehirn aus, das eng mit der Libido korreliert. Ein hoher Serotoninspiegel bewirkt allgemeine Zufriedenheit, sodass kein großes Bedürfnis nach Spannung bzw. Entspannung entsteht.[11]

Da niedrige Serotoninspiegel auch ein Symptom bei Depressionen sind, wäre es interessant herauszufinden, ob einige der sehr aktiven Männer Sex als Mittel gegen ihre Depressionen einsetzen. So genannte Sexsüchtige würden ihr Verhalten gern ändern, weil ihnen die selbstzerstörerische Kraft durchaus bewusst ist. Auf die Frage, ob solch eine chronische Promiskuität streng psychiatrisch gesehen wirklich als eine Form von Sucht gelten kann, erklärte der Psychologe Oliver James, dass Sex diesen Leuten fast all das bietet, was Drogen oder Alkohol anderen Süchtigen bietet, nämlich ein unvergleichlich intensives Hochgefühl; ein Betäubungsmittel gegen Traurigkeit, Einsamkeit oder Wut sowie eine Möglichkeit zur Flucht vor Druck und Schwierigkeiten des Alltags.[12] Er vermutet weiter, dass solche Menschen versuchen, durch sexuelle Hyperaktivität einen Mangel an emotionaler Befriedigung und Nähe zu kompensieren, dessen Ursache in der Kindheit liegt. Der Versuch sei jedoch zum Scheitern verurteilt, denn Intimität und emotionale Nähe ließen sich durch Sex allein nicht erreichen.

Das Vorhandensein des Libidogens mag nun zwar ein starkes Bedürfnis nach Sex bei manchen Menschen erklären, was aber nicht heißt, dass sie deswegen promisk sein müssen. Sollten sie eine Partnerin mit ähnlich ausgeprägter Libido haben, brauchen oder wollen sie unter Umständen keine anderen, um ihre Bedürfnisse zu befriedigen. Nach Dean Hamer liegt die Neigung zu verschiedenen Partnerinnen vielleicht an einer bestimmten (langen) Form eines Gens, das mit D4 (Dopamin), einem Neurotransmitter im Gehirn, in Zusammenhang steht. 1998 berichtete er, dass Männer mit dieser Form des Gens meist nicht mit einer Partnerin zufrieden sind und sich eher promisk verhalten. Nach Hamer gibt es also zwei Libidogene: eines für sexuelle Aktivität und eines für Promiskuität.

Natürlich gibt es auch hier Gegenstimmen. Die Zweifel an der Gültigkeit dieser Ergebnisse resultieren aus der landläufig akzeptierten Auffassung, dass ein einzelnes Gen ein bestimmtes Verhalten niemals direkt steuert. Die meisten Experten auf diesem Gebiet sind daher der Meinung, dass Gene zwar eine Rolle spielen, aber ebenso Erziehung, emotionale Erfahrungen, persönliche Moralvorstellungen und kulturelle Normen. Die gleiche Kritik richtet sich gegen Arbeiten aus der Genforschung, denen zufolge es Gene für gewalttätiges, kriminelles Verhalten oder auch Homosexualität gibt. Die Behauptung, aufgrund der eigenen Gene gar nicht anders zu können, ist eine bequeme Ausrede, befreit aber niemanden von der Verantwortung für das eigene Tun. Trotzdem geben solche Forschungsarbeiten interessanten Aufschluss über den Einfluss, den unser genetisches Erbe auf unser Verhalten ausübt. Die »Vererbung« gewinnt ein Stück Boden zurück, das sie an die »Umwelt« verloren hatte.

»Chemische« Treue

Ein Tierforschungsprojekt, das 1999 an der Emory University in den USA durchgeführt wurde, ergab neue Erkenntnisse zur Monogamie. Das Projekt befasste sich mit einer Präriemaus, die ihrem ersten Sexpartner für immer die Treue hält. Selbst wenn die erste »Beziehung« durch Tod endet, wird keine neue Partnerschaft eingegangen. Mit Hilfe der Gentechnik wurden Gene der Präriemaus einer anderen Mäusegattung eingepflanzt, die normalerweise keine lebenslange Partnerschaft eingeht. Die neuen Gene jedoch verwandelten sie in ein Musterbild ehelicher Treue. Der Projektleiter

Thomas Insel meinte dazu: »Nach den Ergebnissen zu urteilen, ist Liebe eine Art Sucht, die bestimmte Tiere dazu veranlasst, sich lebenslang zu binden.«[13] Er schreibt das dem Einfluss von zwei Hormonen zu – Oxytozin und Vasopressin –, die sich auf das soziale Verhalten und die Erinnerungsbildung auswirken. Die Freisetzung dieser Hormone während der ersten Begegnung in Hirnbereichen, die mit Suchtverhalten assoziiert sind, entscheidet darüber, so glaubt Insel, ob sich eine Bindung zwischen den Präriemäusen entwickelt oder nicht. Die Forschungsgruppe demonstrierte den Effekt, indem sie die Hormonspiegel der Tiere manipulierte und so die Präriemäuse zu Paarbindungen animierte, obwohl diese keinen sexuellen Kontakt hatten bzw. umgekehrt.

Wir wissen, dass Oxytozin und Vasopressin an der Entstehung der Gefühle von Nähe und Euphorie auch bei menschlichen Liebesbeziehungen beteiligt sind, allerdings ist ihre Wirkung bei uns nicht so intensiv bzw. dauerhaft, denn nicht wenige Menschen suchen nach sexueller Abwechslung. Allerdings werden menschliche Beziehungen durch sehr viel mehr Faktoren als den Hormonen beeinflusst.

Die Art der Frauen

Die klassischen Theorien darüber, wie eine Frau bei der Partnersuche vorgeht bzw. bei der Suche nach einem potenziellen Vater für ihre Kinder, konzentrierten sich immer darauf, dass eine Frau einen Partner sucht, der möglichst gute Gene und möglichst gute Eigenschaften als Vater und Versorger mitbringt. Die genetische Qualität zeigt sich durch Gesundheit, gutes Aussehen, Intelligenz und körperliche

Fitness. Das Potenzial eines Mannes als Versorger einzuschätzen erweist sich da schon als schwieriger. Doch er sollte möglichst wohlhabend, großzügig und verlässlich sein. In der Vergangenheit bedeutete das häufig, dass er auch älter war und materiell erfolgreicher als die Frau selbst. Es ist jedoch nicht einfach, all diese Eigenschaften in einer Person zu finden. Außerdem wird ein gut aussehender, fitter und erfolgreicher Mann eine große Auswahl an möglichen Partnerinnen haben und daher nur schwer zu einer festen Bindung zu bewegen sein, vor allem nicht, wenn die Frau – aus welchem Grund auch immer – nicht auch höchst attraktiv als Partnerin ist. Zudem sind solche männlichen Exemplare rar gesät, sodass die Frau gezwungen ist, Kompromisse einzugehen. Eine andere Möglichkeit haben wir bereits angesprochen, als es darum ging, wie viele Kinder nicht von ihren offiziellen Vätern stammen. Die Mütter könnten also einen genetisch gut ausgestatteten Mann als Erzeuger und einen mit anderen Eigenschaften als dauerhaften Partner und Vater gewählt haben.

Nach R. Baker verbessern auch Frauen mit Affären die Fortpflanzung[14], denn neben der Gelegenheit zum Sex mit einem attraktiven Mann erhöhen Affären auch die Chancen einer Empfängnis. Baker belegt nämlich, dass Frauen dabei häufiger zum Orgasmus kommen und dadurch die Spermien besser in sich aufnehmen. Seine Forschungen zeigten, dass sich der Muttermund bei einem Orgasmus in der Scheide nach unten bewegt, wo sich der Samen nach der Ejakulation des Mannes sammelt. Dadurch kann mehr vom Samen leichter und schneller in die Gebärmutter gelangen.[15] Idealerweise erreicht die Frau den Orgasmus also gleichzeitig mit dem Mann oder unmittelbar danach, was vielleicht bei einer Affäre leichter gelingt als bei einer dauerhaften Partnerschaft. Hat sie innerhalb von einer Woche sogar Verkehr mit beiden, sind genug Spermien für eine mögliche Befruchtung vorhanden. Wer von beiden Vater wird, hängt dann davon ab, wessen Spermien die Rallye zum weiblichen Ei gewinnen. Der Sieger im »Krieg der Spermien« ist also genetisch gesehen der fittere, und indem die Frau diesen Wettkampf auslöst, stellt sie sicher, dass das Kind möglichst gute Gene erhält.

Auch andere Forschungen bestätigen den Nutzen des weiblichen Orgasmus für die Empfängnis. Eine Forschungsgruppe an der University of Cardiff, Wales, berichtete 1998 ebenfalls, dass eine Frau durch einen Orgasmus mehr Samen des Mannes in sich aufnimmt.[16] Es wurden 103 Frauen von Mitte 30 nach ihrem letzten sexuellen Verkehr befragt und gebeten, den Grad ihrer Befriedigung anzugeben. Innerhalb von drei Stunden nach dem Verkehr wurden sie zudem einem Test unterzogen. Bei der Hälfte der Frauen, die eine schlechte Beurteilung abgegeben hatten, ergab der Test null, d.h. sie hatten nicht ein einziges Spermium ihres Partners in sich aufgenommen. Im Gegensatz dazu wies nur eine von zehn Frauen mit einer positiven Bewertung ein niedriges Testergebnis auf. Das Team vermutete deshalb, dass die Kontraktionen während eines Orgasmus die Aufnahme der Spermien in die Gebärmutter und damit die Möglichkeit einer Empfängnis verbessern. Zudem könnte es sein, dass ein hoher Erregungsgrad das Scheidenmilieu basischer und damit spermienfreundlicher macht. Und dennoch, Voraussetzung für eine Empfängnis ist ein Orgasmus nicht. Die Weibchen vieler großer Affenarten und viele Menschenfrauen erleben keinen Orgasmus und werden trotzdem schwanger.

Das ewige Dreieck

Wie Frauen die jeweiligen Vorteile von Monogamie und Untreue abwägen, wird in einem Bericht mit dem Titel »The logic of *Menage à trois*« von 1998 beleuchtet. Evolutionsbiologen an der Universität Stockholm entwickelten dafür ein mathematisches Spiel mit drei Figuren. Ein heterosexuelles Paar, das zusammenlebt, sowie ein Liebhaber, der von Zeit zu Zeit auftaucht.[17] Das Spiel bot den beiden Hauptfiguren mehrere Möglichkeiten, von denen jede Vor- und Nachteile hatte. Hatte der Mann Affären, hatte er zwar genetisch unterschiedliche Kinder, riskierte aber, dass sich seine Frau ebenfalls anderweitig vergnügte. Blieb er dagegen zu Hause, hatte er zwar genetisch ähnliche Kinder mit der gleichen Partnerin, war sich seiner Vaterschaft aber sicher. Die Frau hatte eine ähnliche Alternative. Sie konnte ihrem Partner treu bleiben und viele Kinder mit ihm haben, in der Hoffnung, dass er bei ihr bleiben und die Kinder mit aufziehen würde. Tat er das, entging ihr andererseits die Gelegenheit, Kinder mit einem anderen Mann zu haben.

Meistens kam es zu zwei Lösungen. Entweder blieb sich das Paar treu und der Liebhaber verschwand, ohne Kinder mit der Frau gezeugt zu haben, wodurch er genetisch gesehen verloren hatte, oder der Mann hatte Affären, woraufhin die Frau begann, mit dem Liebhaber zu flirten in der Hoffnung, den Mann von seinen Affären abzubringen. Doch wenn diese Taktik aufgehen sollte, musste der Mann eine reale Gefahr in dem Liebhaber sehen.

Die Autoren glauben, dass ein solches Szenario zumindest bei nicht-menschlichen Spezies abweichende Elternschaften erklärt. So haben Studien mit anscheinend monogamen Vögeln ergeben, dass jedes fünfte Junge einen anderen Vater hat, und wie wir weiter vorne bereits gesehen haben, gibt es das beim Menschen auch. Die Autoren schließen daraus, dass dort, wo die männlichen Tiere treu sind, dies durch Flirten des weiblichen Tieres mit anderen Männchen erreicht wird!

Es finden sich immer mehr Belege dafür, dass zumindest bei nicht-menschlichen Spezies die Weibchen aus der Sicht der Fortpflanzung von verschiedenen Sexpartnern profitieren. Hühner sind in der Lage, die Samen des Hahns gleich nach der Kopulation wieder auszustoßen.[18] Andere Spezies haben andere Möglichkeiten der Selektion. Es gibt Vermutungen, dass auch Menschenfrauen Embryos in der ganz frühen Entwicklungsphase abstoßen, solange diese nur eine Ansammlung weniger Zellen sind und starke Defekte aufweisen.

Unterstützung für die These, dass sowohl Männer als auch Frauen möglicherweise eine genetisch bedingte Neigung zur Untreue haben, kommt von der Anthropologin Helen Fisher von der Rutgers University nahe New York. Ihrer Meinung nach sind Frauen vor allem kurz nach der Hochzeit bzw. kurz nachdem sie mit einem Mann zusammengezogen sind, für andere Partner offen.[19] Eine Frau sei genetisch darauf programmiert, die Überlebenschancen für ihren Nachwuchs zu optimieren, und das ginge am besten, wenn sie Kinder mit verschiedenen Vätern hat, die unterschiedliche Stärken und Eigenschaften vererben. Vier Jahre sei vermutlich die in etwa von der Natur vorgesehene Dauer einer Partnerschaft, was daran liege, dass sich die chemischen Prozesse, die uns das Gefühl der Verliebtheit geben, mit der Zeit verändern und schließlich nach ca. 36 Monaten zum Erliegen kommen, wobei es wahrscheinlich noch weitere 12 Monate dauert, bis die Frau realisiert, dass sie nicht mehr in ihren Partner verliebt ist. Gesellschaftliche Veränderungen, die es immer leichter machen, den Partner zu wechseln oder Kinder notfalls auch allein zu erziehen, lassen vermuten, dass eine wachsende Zahl von Frauen ihren Genen folgt und mehrere Partner haben wird, so Fisher. Damit will sie aber keinesfalls behaupten, dass alle oder auch nur die Mehrheit der Beziehungen auf diese Weise enden werden. Viele Paare entwickeln eine tiefe Verbundenheit und bleiben zusammen, weil sie es wollen, auch wenn die Leidenschaft inzwischen zurückgegangen ist.

Heidi Greiling und David Buss haben untersucht, in welchen Situationen eine Frau untreu wird und warum.[20] Sie überprüften eine Reihe von Hypothesen über die möglichen Vorteile außerehelicher Beziehungen. Besonders zwei davon schienen sich zu bestätigen:

1. *Ersatz-Hypothese*: Suche nach einem geeigneteren Partner;
2. *Ressourcen-Akquisition*: kurzfristiger materieller Gewinn.

Weniger Bestätigung fand sich hingegen für andere Hypothesen, wie beispielsweise dem Bestreben, genetisch unterschiedliche Kinder zu haben, oder dem Versuch, dem Partner seine Untreue heimzuzahlen bzw. ihn von solchen Vorhaben abzuhalten.

Wer geht fremd?

Es gibt mittlerweile eine ganze Reihe von Forschungsarbeiten, die herauszufinden versuchen, wer besonders zu Affären neigt. Eine Studie mit 136 männlichen und 169 weiblichen

Studierenden an einem US-amerikanischen College suchte nach den auslösenden Faktoren.[21] Diejenigen, die nach Lees Einteilung[22] einen ludischen Liebesstil bevorzugten, hatten die meisten Sexpartner. Je stärker ihnen dieser Stil entsprach, desto größer war die Zahl der Partner. Das galt gleichermaßen für Frauen wie für Männer und auch dann, wenn sie in einer engen Liebesbeziehung lebten.

Eine ähnliche Studie mit Studierenden an einem US-College befasste sich mit einem weitergehenden Verhaltensspektrum, nämlich nicht nur mit Sex, sondern auch mit Ausgehen, Küssen und Petting mit anderen als dem eigenen Partner.[23] Es wurden die Zusammenhänge zwischen Überzeugungen, Liebesstilen und Beziehungen zu anderen untersucht. Obwohl die Mehrheit der Studentinnen und Studenten ein solches Verhalten missbilligte, gab die Mehrheit der 299 Männer und der 392 Frauen zu, bereits selbst einmal mehr oder weniger intensiv während einer festen Beziehung auf Abwegen gewesen zu sein. Dabei gab es keinen Unterschied beim Ausgehen und Küssen zwischen den Geschlechtern, wohl aber beim Fummeln, Oralsex und Geschlechtsverkehr. Hier lagen die Männer deutlich vorne. Diejenigen, die häufig mit anderen ausgegangen waren oder sexuelle Erlebnisse außerhalb der Beziehung gesucht hatten, glaubten nicht, dass Liebe und Sex der Ehe vorbehalten sein sollten, fanden Gefallen an neuen sexuellen Erlebnissen und bevorzugten den ludischen Liebesstil. Außerdem waren sie sich ziemlich sicher, ihre Partnerinnen erfolgreich belügen zu können!

Bei einer weiteren Untersuchung mit Studierenden sollte erforscht werden, wer den Partner bzw. die Partnerin vermutlich in der Zukunft betrügen wird. Um das herauszufinden, wurden andere Kriterien angelegt.[24] Der Grad der Verbundenheit der Paare zu Beginn des Semesters erwies sich dabei als guter Indikator dafür, ob sich die Partner später emotional oder körperlich mit jemand anderem einlassen würden. Verbundenheit wurde dabei definiert als Zufriedenheit, Engagement in der Partnerschaft und fehlende Wahrnehmung von Alternativen.

Einige Wesenszüge prädisponieren zur Untreue, so ergaben Forschungen an der University of Texas.[25] Dabei wurden nur Paare einbezogen, die weniger als ein Jahr verheiratet waren. Die Ergebnisse beruhen auf Interviews mit beiden Partnern. Interviewt wurden 107 Paare, wobei stark narzisstische und psychotische, aber wenig pflichtbewusste Menschen am ehesten untreu wurden. (Narzisstisch wurde hierbei definiert als Beschäftigung vorwiegend mit sich selbst, psychotisch als oberflächlich und rücksichtslos gegenüber den Gefühlen anderer und pflichtbewusst als zuverlässig und sozial verantwortlich.) Narzissmus erwies sich vor allem bei den Frauen als guter Indikator, narzisstische Männer hingegen hielten ihre Frauen für flatterhaft und verdächtigten sie, eine Affäre zu haben. Diejenigen, die ihren Partner für sehr eifersüchtig hielten oder sich mit dem Liebesleben in der Beziehung sehr unzufrieden zeigten, waren häufig tatsächlich oder potenziell untreu.

Die Studie stellte einige Verhaltensweisen fest, die verrieten, ob jemand gerade eine Affäre hatte oder gefährdet war:

- spätes Erscheinen bei Verabredungen oder gesellschaftlichen Ereignissen,
- fortwährendes Überprüfen/oder Betrachten des eigenen Spiegelbildes,
- häufiges Spielen von (manchmal verletzenden) Streichen,
- Dominanzgebaren und ständiges Unterbrechen bei Gesprächen,

- unnötiges Brennenlassen von Lichtern,
- fehlender Dank für Geschenke,
- Verschuldung,
- Gefühllosigkeit gegenüber verletzten Tieren.

Es ist nicht schwer, einige prominente Ehebrecher ausfindig zu machen, die einige dieser Wesensmerkmale aufweisen. Marilyn Monroe z.B. (die eine Affäre mit Yves Montand hatte, während sie mit dem Schriftsteller Arthur Miller verheiratet war) kam grundsätzlich zu spät zu Verabredungen und soll gesagt haben: »Ich hatte zwar immer einen Terminplan, aber ich kam niemals zu einem Termin wie geplant.« US-Präsident John F. Kennedy ging zu Prostituierten, hatte aber auch mehrere Geliebte (u.a. Marilyn Monroe), während er mit Jackie verheiratet war. Er ließ überall im Weißen Haus Spiegel anbringen, sodass er sein Äußeres im Vorbeigehen überprüfen konnte. Es darf allerdings bezweifelt werden, dass die jeweiligen Partner nicht auch ohne solche Hinweise wussten, was ihre schlechteren Hälften trieben!

9

LIEBESKUMMER

Kratz an der Oberfläche eines Geliebten
und du findest einen Feind.

Dorothy Parker

Beziehungen enden mit einem Knall oder mit dem heulenden Elend. Ein richtiger Krach kann ausreichen, um Sie für immer auseinander zu treiben. Aber wenn Sie schon lange zusammen sind, werden wohl eher schwelender Groll, inakzeptables Verhalten oder schlichtweg Langeweile irgendwann ein Ausmaß erreichen, das einen oder auch beide erkennen lässt, dass die Beziehung am Ende ist. Leidenschaft und Liebe beruhen nicht immer auf einer gründlichen und realistischen Kenntnis des Gegenübers. Die Chemie der gegenseitigen Anziehung ist eine gewaltige Kraft, aber falls und wenn sie nachlässt, und das tut sie fast unweigerlich, gerät die Beziehung in eine ernste Krise, wenn es nichts anderes gibt, das die beiden Partner miteinander verbindet.

Es gibt Belege dafür, dass Paare, die sich bereits lange vor der Heirat kannten oder zusammenlebten, eine größere Chance haben, dass ihre Beziehung hält. Laut einer Studie sind Frauen, die ihre Partner weniger als fünf Monate vor der Hochzeit kannten, später am unglücklichsten, und diejenigen, die ihn länger als zwei Jahre kannten, am glücklichsten.[1] Viele Arbeiten haben mittlerweile bestätigt, dass Beziehungen schneller in die Brüche gehen, wenn sich die Partner bereits sehr jung kennen gelernt haben. Das ist im Grunde wenig verwunderlich, wenn man bedenkt, dass mangelnde Lebenserfahrung zusammen mit persönlicher Entfaltung leicht dazu führen können, dass man sich auseinander entwickelt. Neu auftretende Situationen lassen Unterschiede in Verhalten, Überzeugung und emotionaler Reaktion dann zunehmend offenbar werden. Dazu Donn Byrne und Sarah Murnen:

»Kaum jemand von uns weiß, wie man selbst oder der Partner auf Elternschaft, finanziellen Druck, angeheiratete Familie, Erkrankung, heimliche Geldausgaben, Umzüge, Altern – oder was sonst noch im Laufe eines Lebens auf einen zukommt – reagieren wird. Veränderte Lebensumstände und die unvorhersehbaren Reaktionen des anderen können auch sehr ähnlich denkende Partner und gut harmonierende Partnerschaften gefährden«.[2]

Kinder können eine Beziehung stark aus dem Gleichgewicht bringen, auch wenn sich beide auf die neue Rolle der Elternschaft gefreut haben. Zum einen verändert Schwangerschaft und Stillzeit das Liebesleben der Eltern, wenn es nicht zeitweilig sogar völlig zum Erliegen kommt (siehe Kapitel 10). Wie die Partner damit und mit den anderen Aspekten der Elternschaft umgehen, wird ihre künftige Beziehung stark beeinflussen. In einer Studie berichteten die befragten Teilnehmer übereinstimmend, dass sich die gemeinsamen Aktivitäten nach der Geburt des Kindes stärker an den Bedürfnissen der Frau orientierten und dass dem Mann wenig Freiraum bliebe, etwas alleine zu unternehmen.[3] Das heißt nun nicht zwangsläufig, dass sich solche Veränderungen negativ auf die Beziehung auswirken müssen, aber beide Partner müssen in der Lage sein, sich auf die veränderte Situation einzustellen.

Nicht nur Kinder können eine Beziehung belasten, auch der vergebliche Versuch, welche zu bekommen, kann ein Paar unter großen Druck setzen. Forscher baten 107 Paare einzuschätzen, inwieweit ihre Unfruchtbarkeit die Partnerschaft beeinträchtige[4], wobei die Partner einzeln befragt wurden. Die Ergebnisse zeigten, dass nicht nur ihr Selbstwertgefühl und ihr allgemeines Wohlbefinden unter der Situation litten, sondern es auch häufiger zu Streitereien zwischen ihnen kam. Die Frauen litten dabei besonders unter dem Gefühl verminderter sexueller Attraktivität und Befriedigung sowie unter den Schwierigkeiten in der Ehe. Die Männer beklagten dagegen vor allem, dass die Schwierigkeiten in der Ehe dazu geführt hätten, dass sie nun weniger Sex hätten.

»Früher warst du ganz anders!«

Eine Beziehung, die zunächst den Bedürfnissen beider Partner gerecht wird, kann sich erheblich verschlechtern, wenn sich die Umstände plötzlich stark verändern. Ein bekanntes Beispiel: Die Frau kümmert sich um Haushalt, Kinder und um die gesellschaftlichen Beziehungen der Familie. Der Mann ist damit zufrieden, denn er kann sich ganz auf sein berufliches Fortkommen konzentrieren. Nun kann die Frau aufgrund einer chronischen Erkrankung diese Aufgabenteilung nicht weiter aufrechterhalten. Ist nun einer von beiden oder auch beide der veränderten Situation nicht gewachsen, kommt es zu einer Verminderung der Verbundenheit und schließlich zur Unzufriedenheit.[5] Auch eine starke Veränderung auf Seiten eines Partners kann eine schwere Krise in der Partnerschaft auslösen, sei es durch Aufnahme eines zeitaufwändigen Studiums oder eines aufreibenden Jobs. Die möglichen Auswirkungen auf eine Beziehung zeigt der Film »Rita will es endlich wissen«, in dem Rita allmählich immer stärker in die Welt der Universität und des Intellekts eintaucht und sich rapide von ihrem Partner fortentwickelt. Schließlich trennen sie sich, aber der Ehemann denkt noch lange darüber nach, was geschehen ist, und hofft, sein bisheriges Leben fortsetzen zu können, wenn auch mit einer neuen Partnerin. In einem anderen Stück desselben Autors, »Shirley Valentine«, ist Willy Russell, der Ehemann der Heldin, brüskiert von dem seiner Meinung nach albernen Verhalten seiner Frau, die nach dem ersten Urlaub ihres Lebens in Griechenland nicht mehr an Heim und Herd zurückkehren will. Ihr Wunsch, dort ihr altes Selbst, die wirkliche Shirley Valentine, wieder zu entdecken, ist für ihn nur schwer, wenn überhaupt, zu begreifen. Auch dieses Stück wurde erfolgreich verfilmt, und beide trafen den Nerv vieler Menschen auf der ganzen Welt.

Beziehungsschwierigkeiten können sich auf ganz verschiedene Art und Weise äußern, z.B. durch Unstimmigkeiten beim Sex, Geld, beim Wunsch nach Kindern oder bei Erziehungsfragen etc. Der wahre Grund liegt vermutlich meist tiefer. Man macht es sich zu einfach, wenn man davon ausgeht, dass der Partner das Gleiche von einer Beziehung erwartet wie man selbst. Der andere hat vielleicht ganz eigene Vorstellungen – und geht ebenfalls davon aus, dass man sie teilt. Ein Partner kann beispielsweise so viel Zeit wie möglich mit dem anderen verbringen wollen, unter Ausschluss von Familie oder Freunden, und er geht möglichst allen Aktivitäten aus dem Weg, bei denen der andere nicht dabei ist. Der andere geht in der anfänglichen Verliebtheit darauf ein, doch mit der Zeit möchte er vielleicht alte Hobbys wieder aufnehmen, Freundschaften pflegen oder einfach nur etwas Zeit für sich haben. Oder ein Partner schätzt es, wenn alles seinen geregelten Gang geht, sodass berufliche Entwicklung, Umzüge, Ferien und Familiengründung im Vorfeld bedacht und geplant werden. Wenn der Partner jedoch eher jemand ist, der sich gerade bietende Gelegenheiten nutzt, Risiken eingeht oder spontan handelt, sind Schwierigkeiten vorprogrammiert. Solche Probleme entstehen, wenn man den anderen nicht sieht, wie er wirklich ist oder wenn einer – oder auch beide – die Schwierigkeiten zwar sehen, Kompromisse aber für möglich halten. Dann sind zwar beide zu Zugeständnissen bereit, doch die Kluft zwischen Wunsch und Wirklichkeit wird auf beiden Seiten immer größer und damit auch die Kluft zwischen ihnen.

Baxter befragte Paare, die sich erst kürzlich getrennt hatten, welcher Grund ihrer Meinung nach hauptsächlich zur Trennung geführt habe.[6] Die fünf häufigsten Gründe waren (in der Reihenfolge ihrer Häufigkeit):

- der Wunsch nach Selbstständigkeit bzw. Probleme mit gegenseitiger Abhängigkeit (27 Prozent Männer, 44 Prozent Frauen),
- mangelnde Übereinstimmung mit dem Partner (27 Prozent Männer, 32 Prozent Frauen),
- das Gefühl, vom Partner nicht unterstützt oder sogar gehindert zu werden (19 Prozent Männer, 33 Prozent Frauen),
- Mangel an Intimität und Offenheit (acht Prozent Männer, 31 Prozent Frauen),
- Verschwinden von Liebe und Leidenschaft (19 Prozent Männer, drei Prozent Frauen).

Die Probleme der Frauen haben meist mit Abhängigkeit, persönlicher Unterstützung und Intimität zu tun. Männer sehen zwar auch Probleme in diesen Bereichen, aber die größere Schwierigkeit sehen sie offenbar in mangelnder Leidenschaft.

Der Langeweile-Faktor

Einige der ersten Studien über Trennungsgründe bestätigten, was die meisten aus Erfahrung wissen. Viele Paare langweilten sich schließlich miteinander. Die Tatsache, dass man fast immer weiß, wie der Partner in dieser oder jener Situation reagiert, wird nicht als beruhigend, sondern als ermüdend vorhersehbar empfunden. In vielen Fällen erstreckt sich die Langeweile auch auf das Schlafzimmer, Sex wird zur Routine ohne Aufregung und intensive Leidenschaft. Es gibt eine wachsende Zahl von Hinweisen darauf, dass weder Männer noch Frauen von Natur aus monogam und beide an sexueller Abwechslung interessiert sind. Ob Langeweile bereits ausreicht, um ein Paar auseinander zu bringen, hängt von verschiedenen Faktoren ab, darunter auch praktischen, finanziellen oder persönlichen. Manchmal wird das Problem hingenommen oder auch ignoriert, solange man die Kinder großzieht. Doch spätestens wenn sie das Haus verlassen haben, kann man den Schwierigkeiten in der Beziehung nicht länger ausweichen.

Ein Mittel gegen Langeweile besteht darin, etwas Neues zu finden, das beide begeistert. So fanden Arthur Aron und seine Kollegen eine Korrelation zwischen Beziehungszufriedenheit und der Häufigkeit gemeinsamer schöner Aktivitäten.[7] Er machte daraufhin einen Versuch und konnte zeigen, dass bereits die gemeinsame Meisterung einer neuen und aufregenden Aufgabe in lediglich sieben Minuten ausreichte, um die Paarbeziehung zu verbessern (im Vergleich zu einer langweiligen alltäglichen Aufgabe, die keine Verbesserung brachte). Er schloss daraus, dass der Mangel an solchen aufregenden gemeinsamen Erlebnissen ein typisches Kennzeichen für eine sich allmählich verschlechternde Beziehung ist.

Der Umgang mit Problemen

Welche Art von Schwierigkeiten in einer Beziehung auftauchen ist viel weniger entscheidend als die Frage, wie mit diesen Schwierigkeiten umgegangen wird. Das hängt zum einen von den Gefühlen für sich selbst und für den Partner ab, zum anderen davon, wie man die Partnerschaft erlebt. Bei der Vorhersage über die Beständigkeit einer Beziehung ist das Gefühl der Verbundenheit offenbar der entscheidende Faktor. Wünschen beide, dass die Beziehung hält, werden sie die Schwachpunkte des anderen eher tolerieren und sich bei der Anpassung der eigenen Bedürfnisse und Verhaltensweisen große Mühe geben.[8]

Der jeweilige Bindungsstil (siehe Kapitel 5) der Partner spielt ebenfalls eine Rolle bei der Konfliktbewältigung in der Beziehung. Wie Sie vermutlich erwartet haben, sind diejenigen mit einem *sicheren* Bindungsstil am anpassungswilligsten, während diejenigen mit einem *vermeidenden* oder *ängstlichen* Bindungsstil sich schwerer damit tun. Eine Studie zeigte, dass die häufig bei Ehetherapien empfohlene Strategie der Auseinandersetzung die Situation für diese Bindungstypen sogar noch verschlimmern kann.[9] Die Paare wurden zunächst gebeten, in einem Fragebogen ihren Bindungsstil anzugeben, bevor sie ein Thema diskutierten, dass ihrer Meinung nach die Beziehung stark belastete. Personen mit einem *ängstlichen* Bindungsstil empfanden die Diskussion an sich als sehr anstrengend und fühlten sich ihrem Partner hinterher weniger nahe. Obwohl Personen mit einem *vermeidenden* Bindungsstil die Diskussion nicht als anstrengend empfanden, erschwerte ihnen die Beratung, die Probleme in Angriff zu nehmen. Männer mit diesem Bindungsstil erschienen sehr distanziert und unterstützten ihre Partnerin während der

Diskussion kaum. Selbstsichere Personen hingegen schienen von der Auseinandersetzung zu profitieren und sich hinterher in ihrer Beziehung und mit dem Partner wohler zu fühlen.

Eifersucht und wozu sie gut ist

Bereits Shakespeare beschreibt in »Othello« die zerstörerische Kraft der Eifersucht. Die Mehrheit der eifersüchtig veranlagten Menschen ist sich dieser Veranlagung zwar bewusst, doch hat dieses Wissen keinen Einfluss auf ihre Gefühle oder ihr Verhalten. Ähnlich wie Othello reagieren sie oft auf eine vermeintliche Gefährdung ihrer Beziehung, die in Wirklichkeit gar nicht existiert. Doch ein Mangel an Beweisen für eine tatsächliche oder mögliche Untreue verhindert die Gefühle der Eifersucht nicht. Diese Menschen reagieren auf die geringste »Provokation« des Partners, sei es eine Unterhaltung auf einer Party oder am Telefon, und sie scheuen keine Mühen zu »beweisen«, dass die Beziehung durch das Verhalten des anderen bedroht wird. Das Durchsuchen von Kleidung, Handtaschen oder Brieftaschen, das Lesen von Tagebüchern, ständiges Anrufen, um zu kontrollieren, wo der andere sich gerade aufhält, sowie die Befragung von Freunden und Kollegen – alles bekannte Handlungsweisen, die eine Beziehung auf Dauer zerstören, und zwar unabhängig davon, ob Grund zur Eifersucht besteht oder nicht. Was treibt ansonsten völlig normale Menschen zu diesem Verhalten? Und was hindert sie, dieses oft von ihnen selbst verabscheute Treiben aufzugeben?

Die Evolutionsbiologie ist der Ansicht, die Antwort finde sich in der genetischen Programmierung unserer Instinkte.

Männer haben zwei Möglichkeiten, die Weitergabe ihrer Gene an die nächste Generation sicherzustellen. Zum einen, indem sie verhindern, dass ein anderer Mann ihre Partnerin schwängert, und zum anderen, indem sie selbst so viele Frauen wie möglich schwängern. Gelingt ihnen das nicht, so ziehen sie möglicherweise die Nachkommen anderer Männer, so genannte Kuckuckskinder, groß. Da es in der Praxis schwer ist, ständig präsent zu sein, um eventuelle Nebenbuhler zu vertreiben, hat es sich vielleicht als effektiver erwiesen, die Frau durch entsprechendes Verhalten einzuschüchtern und ihr Konsequenzen anzudrohen, falls sie sich mit einem anderen einlässt. Umgekehrt lässt sich bei den Frauen vermuten, dass ihre Eifersucht dazu dient, den Mann möglichst in der Nähe zu behalten, damit er als Versorger wenigstens so lange bleibt, bis die Nachkommen alleine überlebensfähig sind. Indem sie sein Verhalten genau beobachtet und jedes Mal eine große Szene macht, sobald sie den Verdacht hat, er könnte auf Abwege geraten, hofft sie, die Chancen zu verbessern, dass er treu bleibt.

Sowohl Männer als auch Frauen reagieren eifersüchtig, aber nicht im Bewusstsein dieser evolutionsbedingten Gründe, d.h. sie werden meist traurig oder wütend, wenn sie wissen oder argwöhnen, dass der andere untreu ist, ohne auch nur einen Gedanken an Vaterschaft oder die Versorgung von Kindern zu verschwenden. Eifersucht wird jedoch bei Männern und Frauen durch unterschiedliches Verhalten ausgelöst, was die Hypothese der Evolutionspsychologie stützt. Eine diesbezügliche Studie wurde von David Buss und anderen durchgeführt.[10] Dafür baten sie Studierende an amerikanischen Colleges, sich zwei Situationen vorzustellen, a) dass der Partner bzw. die Partnerin mit einem anderen schläft oder b) dass der Partner bzw. die Partnerin sich in jemand anderen verliebt. Dann wurden sie gefragt, welche der Vorstellungen für sie unangenehmer sei. 60 Prozent der Männer (und 17 Prozent der Frauen) wählten a) und 83 Prozent der Frauen (und 40 Prozent der Männer) wählten b).

In einem zweiten Experiment baten Buss und sein Team 30 Studenten und 30 Studentinnen, sich die jeweilige Situation auszumalen, während bei ihnen eine Vielzahl von physiologischen Reaktionen gemessen wurde, wie beispielsweise Herzschlag, Schweißbildung oder Stirnrunzeln. Auch diese Ergebnisse zeigten, dass die männlichen Probanden viel stärker auf sexuelle als auf emotionale Untreue reagierten, die Frauen aber umgekehrt. Ähnliche Studien haben diese Unterschiede auch für andere Kulturen belegt und damit gezeigt, dass es sich nicht um eine kulturell bedingte Reaktion handelt.

Eine holländische Studie mit verheirateten Paaren, bei denen es zu Untreue gekommen war, ergab, dass die Intensität der Eifersucht auch vom Motiv abhing, das zum »Seitensprung« geführt hatte. Männer fühlten sich vor allem dann verletzt, wenn sie glaubten, dass ihre Frau sexuelle Abwechslung gesucht habe, während Frauen dann besonders gekränkt waren, wenn sie annahmen, dass der Mann mit ihnen als Person unzufrieden war und sich deshalb einer anderen zugewandt hatte.[11]

Nach John Lees Theorie der Liebesstile (siehe Kapitel 5) sagt die bevorzugte Liebesform sehr viel darüber aus, inwieweit und wie stark jemand zur Eifersucht neigt. Diejenigen, die Eros oder Storge bevorzugen, werden nur gelegentlich darunter leiden, aber – wie Sie vielleicht schon vermutet haben – manisch liebende Menschen leiden besonders stark darunter, denn bei ihnen kann Eifersucht durchaus ein Bestandteil ihrer Liebe sein. Ebenso haben Sie vielleicht bereits vermutet, dass Liebende mit einem ludischen Stil nur sehr selten eifersüchtig sind, denn Verbundenheit mit der geliebten Person oder emotionale Abhängigkeit kommen bei dieser Form nicht vor.

Frühes Lernen

Die meisten Menschen erleben das Gefühl der Eifersucht nicht erst in einer Liebesbeziehung, sondern bereits als Kind. Geschwister sind fast immer eifersüchtig aufeinander und zudem häufig davon überzeugt, dass Vater oder Mutter oder auch beide einen Bruder oder eine Schwester mehr lieben als sie selbst. In der Psychologie wird immer wieder behauptet, dies sei besonders für Erstgeborene ein Problem, denn sie müssten lernen, die einst uneingeschränkte elterliche Zuwendung zu teilen. In Wirklichkeit scheint es sich aber anders zu verhalten, wie eine niederländische Studie mit 100 Frauen und 100 Männern von Bram Buunk belegt. Zweit- oder Drittgeborene leiden stärker unter Eifersucht als Erstgeborene, was der Forscher darauf zurückführt, dass Eltern ihrem Erstling mehr Aufmerksamkeit schenken.[12] Konkurrenz um die elterliche Fürsorge und Zuwendung mag in früheren Zeiten sinnvoll gewesen sein, als große Familien noch die Norm waren und emotionale und physische Zuwendung mit vielen geteilt werden musste. Wer sicherstellen konnte, dass seine Bedürfnisse befriedigt wurden – wenn auch auf Kosten der Geschwister –, hatte eine größere Chance, das Erwachsenenalter zu erreichen.

Wird dieser ständige Kampf um Aufmerksamkeit jedoch als Erwachsener aufrechterhalten, so wirkt er sich meist kontraproduktiv aus, denn er treibt den Partner bzw. die Partnerin vermutlich eher in die Flucht, als dass er ihn oder sie dazu veranlasst, mehr Aufmerksamkeit und Zuwendung zu schenken. Manchen Menschen ist es unmöglich, die Angst, verlassen zu werden, vollständig zu unterdrücken, aber sie können lernen, diese Gefühle nicht die Oberhand gewinnen zu lassen. Wenn sie sich und ihrem Partner ihre Eifersucht eingestehen, gelangen sie vielleicht zu der Einsicht, dass die Eifersucht grundlos ist, und lernen damit zu leben. Verständnisvolle Partner werden eventuell auslösende Situationen vermeiden und versuchen, dem Eifersüchtigen Sicherheit und Bestätigung zu geben.

Loslassen

Fast jedem passiert es früher oder später im Leben, dass er oder sie vom geliebten Partner verlassen wird. Und in diesem Moment kommt es einem vor, als sei es das Ende der Welt. Natürlich erzählen die anderen, man werde mit der Zeit schon darüber hinwegkommen, der andere habe einen gar nicht verdient und man sei besser ohne ihn bzw. sie dran. Doch selbst wenn es wahr ist – es hilft nicht. Je stärker einer von beiden nach einer zerbrochenen Beziehung leidet, um so unwahrscheinlicher ist es, dass der andere genauso fühlt, so eine Studie.[13] Sie ergab außerdem, dass die Trennung häufig von den Frauen ausgeht, was auch durch andere Studien und Scheidungsstatistiken bestätigt wurde. Ein Grund dafür könnte sein, dass Männer mit ihrer Tendenz zur Polygynie dazu neigen, eine bestehende Beziehung weiter vor sich hindümpeln zu lassen, während sie bereits eine neue anknüpfen, wohingegen Frauen eine serielle Monogamie bevorzugen und reinen Tisch machen, wenn sie sich für eine neue Beziehung entschieden haben.

In den ersten Tagen und Wochen nach einer Trennung durchlebt man eine gefühlsmäßige Hölle, angefangen von Verzweiflung, über Wut, Schlaf- und Appetitlosigkeit, Unruhe, Apathie bis zum völligen Verlust des Selbstwertgefühls. Vielleicht geben Sie sich selbst die Schuld für den Schlamassel und fragen sich, was Sie bloß falsch gemacht haben. Sie werden viel weinen und immer wieder darüber reden wollen – mit jedem, der bereit ist zuzuhören. Einer Untersuchung aus dem Jahr 1976 zufolge denken sehr viele Menschen hinterher lange darüber nach, was falsch gelaufen ist, und versuchen, den Grund für das Scheitern herauszufinden.[14]

Einige dieser quälenden Empfindungen lassen sich auf die chemische Wirkung von Substanzen in unserem Körper zurückführen. Euphorie und Aufregung, die mit der Liebe einhergehen, sind an bestimmte Hormone und Neurotransmitter gebunden, und der Körper braucht eine Weile, bis er sich an ihr Fehlen gewöhnt hat. Insofern ähnelt jemand, der unter einer zerbrochenen Beziehung leidet, einem Drogenabhängigen auf Entzug. In beiden Fällen wird dem Organismus die das Hochgefühl auslösende Substanz entzogen. Schließlich werden die Symptome aber verebben und mit ihnen auch viele der schmerzlichen Gefühle.

Es gibt bisher keine Methode, um diesen Prozess abzukürzen. Es braucht einfach seine Zeit. Obwohl man davon überzeugt ist, niemals darüber hinwegzukommen, schafft man es in Wahrheit sehr wohl – irgendwann. Solange es aber dauert, ist es gut, wenn man mitfühlende Freunde hat, die zuhören und einen wieder aufrichten, wenn man es braucht, oder die einfach nur da sind. Frauen haben es hier meist leichter, Unterstützung zu finden, da sie in der Regel ein entsprechendes Umfeld von sozialen Bindungen aufgebaut haben und es gewöhnt sind, auch über emotionale Belange zu reden und ihre Gefühle mitzuteilen, etwas, das der Mehrzahl der Männer sehr schwer fällt.

1987 schrieben der Psychologe Zev Wanderer und die Journalistin Tracy Cabot ein Selbsthilfebuch mit dem Titel *Letting Go*.[15] Es ist »ein zwölf Wochen umfassendes Programm zur Überwindung eines gebrochenen Herzens«. Dazu nutzt es Techniken aus der Verhaltenstherapie und ermuntert, zunächst anders zu handeln, um dann schließlich anders zu fühlen und zu denken. Es sieht auch Belohnungen für »richtiges Verhalten« vor, wie z.B. alles wegzupacken, was an die geliebte Person erinnert, oder die gemeinsamen Lieblingssongs nicht mehr zu hören. »Falsches Verhalten«, wie das Schwelgen in Erinnerungen an den anderen, solle mit so seltsamen Methoden wie dem Riechen an faulen Eiern bestraft werden. Später soll man eine Liste aller Fehler und schlechten Angewohnheiten des anderen erstellen oder eine »Heulstunde« zu einem denkbar ungünstigen Augenblick am Tage einplanen (nämlich dann, wenn man wirklich etwas anderes zu tun hat) und so weiter und so fort. In der achten Woche ist es gestattet, in all den traurigen Erinnerungen zu kramen und so lange zu weinen, bis man genug hat. Gleichzeitig soll man alte Gewohnheiten wieder aufnehmen, doch diesmal mit anderen Leuten, um die alten Erlebnisse durch neue zu ersetzen. Wanderer war davon überzeugt, dass diese Methode zwar keine Einsichten in die Ursachen der Trennung bringt, aber binnen drei Monaten Wunder wirkt. Seither ist dieser Ansatz wieder in Vergessenheit geraten, zumal die persönlichen Erfahrungen der Autoren zu Zweifeln am Erfolg der Methode Anlass gaben. Hatten beide das Buch noch als Paar begonnen, beendeten sie es nach einer leidvollen Trennung, nach der sie weder miteinander sprachen noch gemeinsam interviewt werden wollten!

Obwohl Wanderer und Cabot den verhaltenspsychologischen Ansatz wohl etwas weit trieben, gibt es durchaus brauchbare Grundsätze in ihren Ausführungen. Wenn eine Beziehung schmerzvoll endet und einer von beiden sich zurückgestoßen fühlt, bekommen Selbstvertrauen und Selbstwertgefühl einen Knacks. Jede Form von Selbstbestätigung ist hier willkommen, sei es eine neue Garderobe oder Frisur, sei es Tennis spielen oder Salsa tanzen lernen oder die Aneignung neuer berufsrelevanter Fähigkeiten wie die Beherrschung der neuesten Computersoftware. Obwohl man versucht ist, alte vertraute Plätze aufzusuchen, sich Fotos aus glücklichen Tagen anzuschauen, ehemals gemeinsame Lieblingsmusik zu hören und vergangenem Glück nachzutrauern, sollte man das vermeiden, damit Gras über die Sache wachsen und man sich der Zukunft zuwenden kann. Lieber sollte man sich neue Freunde und Aktivitäten suchen, um die entstandene Lücke zu füllen. Ist man in der Lage, die Gründe für die Trennung zu analysieren, hat die Erfahrung wenigstens einen gewissen Nutzen für die nächste Beziehung. Hat sich der ehemalige Partner jedoch in jemand anderen verliebt, so ist das nicht unsere Schuld. Es bringt uns lediglich die Einsicht, dass man eben niemanden zwingen kann, einen zu lieben.

Ungesunde Liebe

Die Vorstellung, dass Liebe eine Form von Sucht ist, wurde von Robin Norwood in ihrem Buch *Wenn Frauen zu sehr lieben* geprägt. Ihrer Ansicht nach haben diese Frauen ein starkes Bedürfnis nach Liebe, Leidenschaft und emotionaler Sicherheit, die sie in einer Liebesbeziehung zu einem Mann zu finden hoffen, verlieben sich aber immer in »den Falschen«, d.h. in unbeständige, unzuverlässige, unreife, launische, wütende, depressive Männer usw. Die Frauen bemühen sich, diesen Männern zu helfen und müssen dabei unweigerlich scheitern. Norwood erklärt das Verhalten dieser Frauen mit frühen Erfahrungen aus der Kindheitsgeschichte.

> »… stammen Frauen, die zu sehr lieben, aus Familien, in denen sie entweder sehr einsam und isoliert waren oder abgelehnt wurden oder überlastet waren mit unangemessen hoher Verantwortung; daher stammt ihre stark fürsorgliche, aufopferungsvolle Haltung; oder sie waren einem solch bedrohlichen Chaos ausgesetzt, dass sich in ihnen das massive Bedürfnis herausbildete, Menschen und Situationen zu kontrollieren. Eine Frau, die das Verlangen hat, zu bemuttern oder zu kontrollieren oder beides zu tun, kann dieses Bedürfnis natürlich nur bei einem Partner ausleben, der ein solches Verhalten zulässt, wenn nicht sogar herausfordert.«[16]

Die Frauen, die zu sehr lieben, konzentrieren sich voll und ganz auf das Funktionieren der Beziehung und bemühen sich, die Bedürfnisse des Partners bzw. das, was sie dafür halten, zu erfüllen, damit er sich ändert und sie liebt. Der Ausweg aus dieser hoffnungslosen und destruktiven Situation besteht darin, diese Energien nicht mehr allein für den Mann aufzuwenden, sondern für sich selbst. Die Frauen müssen einfach »egoistischer« werden, sie müssen aufhören, andere kontrollieren und manipulieren zu wollen, und sich um ihre eigenen Probleme und Bedürfnisse kümmern. Sie brauchen dafür meist Unterstützung von außen, z.B. durch eine Selbsthilfegruppe.

Die von Norwood beschriebenen Frauen schaden in erster Linie sich selbst, aber es gibt auch Formen von ungesunder Liebe, die dem Empfänger schaden. Die meisten Menschen haben irgendwann erlebt, dass ihre Liebe nicht erwidert wurde. Manche verfolgen das Liebesobjekt mit Telefonanrufen oder Briefen, beobachten Büro oder Wohnung, um zu erfahren, was er oder sie gerade tut. Die wenigsten jedoch treiben dieses Verhalten auf die Spitze.

Bei Frauen nennt man die extreme Reaktion auf unerfüllte Liebe *Erotomanie* oder *Clerambault-Syndrom,* und abgesehen von der extremen Intensität unterscheidet sie sich von einer »normalen« unerfüllten Liebe dadurch, dass die Frauen selbst felsenfest davon überzeugt sind, ihre Liebe werde erwidert. Und nichts kann sie von dieser Überzeugung abbringen. Sie reden sich z.B. ein, dass er eine Krawatte in ihrer Lieblingsfarbe trage, um ihr ein geheimes Zeichen seiner Liebe zu geben. Den Mann hat sie häufig in Ausübung seines Berufs kennen gelernt, d.h. er ist Arzt, Firmenchef, Bankangestellter etc., der ihr in irgendeiner Form geholfen hat, ansonsten aber für sie gesellschaftlich unerreichbar ist. Ein solches Verhalten tritt bei Frauen meist zwischen 30 und 40 auf und nimmt manchmal bizarre Formen an, wie ständiges Anrufen oder Schreiben, Verfolgung auf Schritt und Tritt, Belästigen der Ehefrauen und Kinder und manchmal sogar tätliche Angriffe. In einigen tragischen Fällen wurde die Partnerin sogar ermordet, in der irrigen Annahme, damit das letzte Hindernis für eine gemeinsame Zukunft aus dem Weg zu räumen. Vieles davon zeigt sich in der von Glenn Close in dem Film »Fatal Attraction – Eine verhängnisvolle Affäre«

verkörperten Figur, obwohl diese im Film tatsächlich eine sexuelle Beziehung mit ihrem »Opfer« hatte – ein wichtiger Unterschied.

Der Mann weiß meist nicht, wie er auf das Verhalten der Frau, die er kaum oder gar nicht kennt, reagieren soll. Wenn er Mitleid mit ihr hat, wird die geringste Freundlichkeit ihr gegenüber unweigerlich als Beweis seiner Liebe missdeutet werden. Nimmt das Verhalten der Frau gefährliche Züge an, so kann er die Frau vor Gericht bringen, doch meist wird nicht einmal das sie von ihrem Irrglauben befreien können. Überhaupt ist dieses Syndrom ausgesprochen schwer zu behandeln.

Stalker

Eine Variante dieses Problems ist das so genannte Stalker-Syndrom. Meist trifft es Frauen, aber gelegentlich werden auch Männer, vor allem prominente, zu Opfern. Zwar sollte man die von Frauen ausgehende Belästigung nicht unterschätzen, aber die Gefahr einer physischen Bedrohung ist, anders als bei männlichen Verfolgern, doch sehr gering. Ein weiterer Unterschied besteht darin, dass die Frauen sich eine Liebesbeziehung einbilden, wohingegen die Männer häufig abgewiesene Liebhaber oder (ehemalige) Freunde der Frauen sind.

Im britischen Innenministerium wurden die Daten einer Verbrechensstatistik aus dem Jahr 2000 analysiert. Dabei zeigte sich, dass etwa 900 000 Menschen 1999 von Stalkern verfolgt worden waren.[17] Mehr als die Hälfte von ihnen war bereits Opfer von Gewaltakten geworden oder befürchtete die Anwendung von Gewalt. Das Risiko für Frauen – vor allem zwischen 16 und 19 – ist dabei doppelt so hoch wie für Männer. Die Mehrheit der Opfer wurde ständig beobachtet, verfolgt, physisch eingeschüchtert und dauernd angerufen, ohne dass sich der- oder diejenige meldete. Jeder vierte Mann beschwerte sich über tätliche Angriffe oder Gewaltandrohung und jede fünfte Frau über körperliche Belästigung.

Einer neueren Studie zufolge neigen vor allem Ex-Partner gegenüber den Frauen zur Gewalt. Man wertete die Informationen von 50 Stalkern aus, die die Polizei im Norden Londons in einem Zeitraum von fünf Jahren gefasst und befragt hatte. 20 von ihnen hatten zuvor ein sexuelles Verhältnis zu der verfolgten Frau gehabt, und 14 hatten ihre früheren Partnerinnen tätlich angegriffen. Von den übrigen kannten 18 ihr Opfer oberflächlich, der Rest der Männer verfolgte ihnen gänzlich unbekannte Frauen, und nur acht von diesen beiden Gruppen hatten Gewalt angewendet. In diesen beiden letzten Gruppen finden sich auch häufiger psychotische Erkrankungen, nämlich 22 gegenüber lediglich drei unter den Ex-Freunden. Der Gerichtspsychiater David James erklärte in einem Interview auf den medizinischen Seiten der Tageszeitung *The Times*, dass die meisten der Männer, die ihre Ex-Freundin angreifen, in ihrem Verhalten zu anderen Menschen gestört seien. Der häufigste Grund für ihre Gewaltanwendung sei der Wunsch nach Rache und die Unfähigkeit, mit Zurückweisung umzugehen.[18]

Dass viele der Stalker Männer sind, deren Beziehung gescheitert ist, wird durch eine Synopse zu diesem Thema von Karen Abrams und Gail Robinson von 1998 belegt.[19] Demnach wird jede 20. Frau einmal in ihrem Leben Opfer eines Stalkers, sei es durch Beobachtung, Androhung von Gewalt oder tätlichem Angriff.

Paul Mullen und seine Kollegen von der Monash University in Victoria, Australien, teilen die Stalker in fünf Gruppen ein, wobei es allerdings gewisse Überschneidungen gibt:[20]

- *Zurückgewiesene Stalker*: Sie verfolgen fast ausschließlich ehemalige Partner, wollen das Ende der Beziehung nicht akzeptieren und streben nach Versöhnung. Damit einhergehen kann der Wunsch nach Rache, d.h. die Stalker können friedlich sein, aber auch aggressiv.
- *Nach Intimität Suchende*: Sie bilden sich eine Liebesbeziehung zu einer idealisierten Person ein, zu der sie niemals irgendeine Beziehung hatten oder die sie noch nie getroffen haben. Trotzdem glauben sie, dass die Person ihre Liebe erwidert oder zu irgendeinem Zeitpunkt erwidern wird. Sie weigern sich, das Desinteresse oder die Ablehnung der betreffenden Person zur Kenntnis zu nehmen. Häufig ranken sich ihre Fantasien um Prominente oder Personen, die sie in Ausübung ihres Berufes kennen gelernt haben.
- *Sozial gestörte Verehrer und Verehrerinnen*: Diesen Menschen fehlt es häufig an sozialen Umgangsformen; sie verfolgen eine desinteressierte Person in dem Glauben, ein Recht auf eine Beziehung mit dieser Person zu haben. Manchmal geben sie auf und suchen sich ein neues Ziel.
- *Nachtragende Stalker:* Sie lösen absichtlich Angst und Beunruhigung bei ihren Opfern aus und sehen darin eine gerechte Bestrafung für vermeintlich erlittene Ungerechtigkeit oder Demütigung. Zu ihren Opfern zählen Institutionen, Unternehmen oder deren Angestellte.
- *»Raubtiere«*: Sie verbringen oft Wochen und Monate mit der Beobachtung ihres Ziels und der Planung des Angriffs, der in der Regel sexueller Natur ist. Sie geben sich nur selten vorher zu erkennen und genießen ihren Voyeurismus sowie das Gefühl der Macht und der Kontrolle.

In einigen Fällen, die durch die Medien gingen, handelte es sich um Frauen, die in der Öffentlichkeit standen und von Männern verfolgt wurden, die sie nie zuvor gesehen hatten. Die Eiskunstläuferin Katarina Witt beispielsweise erhielt Drohbriefe, und die Tennisspielerin Monica Seles wurde von einem Mann mit einem Messer verletzt, der von Steffi Graf besessen war und um deren Sieg fürchtete. John Hinckley schoss auf den US-Präsidenten Ronald Reagan und gab an, er habe die Schauspielerin Jodie Foster beeindrucken wollen. Männer wie Hinckley haben im wirklichen Leben so gut wie überhaupt kein soziales Umfeld und leiden nicht selten unter Persönlichkeitsstörungen oder seelischen Krankheiten.

Zwar ist Erotomanie und Stalking weit von dem entfernt, was die meisten von uns unter Liebe verstehen, doch immer wieder löst Zurückweisung äußerst untypische Verhaltensweisen aus. Die Schlagzeilen der Zeitungen lassen uns schmunzeln, wenn wir z.B. von einer Frau lesen, die ihren treulosen Ehemann dadurch bestrafte, dass sie den Inhalt seines Weinkellers an die Nachbarn verschenkte und seine teuren Anzüge zerschnitt. Solche Fälle sollten uns bewusst machen, dass extremes Verhalten nicht auf geistig Verwirrte oder Kriminelle beschränkt ist. Zurückweisung durch eine geliebte Person kann auch den Gesündesten für eine Weile aus dem Gleichgewicht bringen und Racheakte auslösen, die er unter anderen Umständen niemals in Betracht ziehen würde.

10
IM SCHLAFZIMMER

Männer wünschen sich eine Jungfrau,
die gleichzeitig eine Hure ist.

Edward Dalberg[1]

Zu Beginn einer Beziehung spielt Sex eine große Rolle. Die sexuelle Erregung und auch der Akt selbst stimulieren die Ausschüttung von Hormonen und anderen Körpersubstanzen, die die Spannung der Beteiligten verstärken und wesentlich zu ihrem »Liebesrausch« beitragen. Verallgemeinernd kann man sagen, je öfter man Sex hat, desto größer wird das Verlangen und um so stärker wird die liebevolle Beziehung zum anderen.

Die Vorstellung, dass häufiger und befriedigender Sex wesentlicher Bestandteil einer Beziehung ist, wird ständig verstärkt durch das, was wir sehen, hören oder lesen. Selbst wenn wir uns dessen nicht bewusst sind, haben die meisten von uns die Vorstellung verinnerlicht, dass eine Beziehung ohne befriedigenden Sex vom Scheitern bedroht ist.

Bereitet Sex kein Vergnügen mehr, oder ist er zu einem seltenen Ereignis geworden, oder – noch schlimmer – ist er für einen von beiden nur noch eine Pflichtübung, dann fürchten Partner, einander zu enttäuschen, und haben wenig Hoffnung für ihre Beziehung. Sie glauben, dass alle anderen Paare viel Spaß im Bett haben und haben deshalb Hemmungen, ihre Situation anzusprechen, sei es untereinander oder gegenüber Dritten.

Doch diese weit verbreitete Vorstellung geht an der Wirklichkeit vieler Partnerschaften vorbei, denn mit der Zeit verändert sich der Sex und seine Bedeutung in einer Beziehung und wird nur noch selten dem anfänglichen Höhenflug gleichen.

Bewirkt Vertrautheit Zufriedenheit?

Bereits in den 1950er-Jahren belegte die Wissenschaft, dass das Wiederholen eines positiven Reizes zu einer immer geringeren Reaktion auf diesen Reiz führt. Viele kennen das aus eigener Erfahrung, z.B. wenn man ein Gericht oder ein Nahrungsmittel nicht mehr sehen kann, weil man es zu oft gegessen hat, oder wenn man einen Widerwillen gegen ein ursprünglich sehr gern gehörtes Musikstück entwickelt, weil man es immer und immer wieder gehört hat. Man hat versucht herauszufinden, ob das auch für sexuelle Reize gilt. Und tatsächlich entdeckten Kelley und Musialowski, dass die Wiederholung eines erotischen Reizes dessen Wirkung stetig vermindert.[2] Ein neuer Stimulus erregt Aufmerksamkeit und eine positive Resonanz. Ein ähnlicher Effekt lässt sich in langjährigen Partnerschaften hinsichtlich des sexuellen Interesses beobachten.[3]

Der Wirkungsmechanismus, der hier zum Tragen kommt, hat seinen Sinn möglicherweise in der Vermeidung von Inzest. Forschungen sowohl an Tieren als auch an Menschen in einem Kibbuz ergaben, dass das sexuelle Interesse nachlässt, wenn man die Person fast ständig vor Augen hat. Religiöse und gesellschaftliche Ächtung verschärfen das Inzest-Tabu, aber meist ist derlei gar nicht nötig. Leider geschieht das Gleiche in Partnerschaften ohne verwandtschaftliche Beziehung, d.h. die Partner lieben sich zwar, fühlen aber keine Erregung mehr.

Man geht heute davon aus, dass unsere Körperchemie, die unsere anfängliche Leidenschaft anfacht und zunächst erhält, sich mit der Dauer einer Beziehung verändert und Auswirkungen auf das Liebesleben hat. Auch Paare, die sich sehr nahe sind und sich lieben, werden sich nicht mehr wie zu Beginn leidenschaftlich begrüßen bzw. verabschieden. Das heißt nun nicht, dass alle Leidenschaft dahin ist, aber es scheint beiden nicht mehr nötig, sich bei jeder Gelegenheit ihrer Gefühle füreinander zu versichern. Sex ist zwar nicht direkt unwichtig geworden, hat aber an Bedeutung verloren. Oder chemisch ausgedrückt: Die Bindungssubstanzen Oxytozin und Vasopressin haben die Stoffe abgelöst, die anfänglich Erregung und Verlangen auslösten, und sorgen für einen allmählichen Übergang von der Schwindel erregenden Verliebtheit zu einer weniger spannenden, aber dafür tiefer gehenden Liebe. Eigentlich ideal. Und tatsächlich ist es das, was sich in den meisten Beziehungen vollzieht, wenn die Partner es schaffen, über Jahre miteinander glücklich und sich nahe zu sein.

Leider gelingt das aber nicht allen Paaren. Ist die anfängliche Leidenschaft verflogen, stellt sich bei manchen Langeweile und Enttäuschung ein, was dann nicht selten zu sexuellen Schwierigkeiten und Konflikten führt. Obwohl es mehr als genug wissenschaftliche Belege dafür gibt, dass es Menschen im Allgemeinen bei Fehlen neuartiger Reize schnell langweilig wird, kommen doch einige Paare besser mit der Situation zurecht als andere.

In den 60er-Jahren zeigte ein US-amerikanisches Forschungsprojekt, dass Paare, die eine Reihe von Dingen gemeinsam machen und sich beide daran freuen können, höhere Chancen für eine glückliche Ehe haben.[4] Das gilt mit Sicherheit auch heute noch, wobei das Verfolgen eigener Interessen und getrennt verbrachte Zeit sowohl Ursache als auch Wirkung von ehelichen Schwierigkeiten sein können.

Missverständnisse

In vielen Köpfen herrscht seit jeher die Vorstellung, dass der Sexualtrieb beim Mann ausgeprägter, aber auch unkomplizierter ist als bei der Frau. Die Natur, so heißt es, habe den Mann so geschaffen, dass er vor allem auf optische Reize reagiere und leicht sexuell erregt werde, während Sex bei Frauen viel stärker an ihre Emotionen gebunden sei. Ein Mann könne mit jeder begehrenswerten Partnerin sexuelle Befriedigung erlangen, Liebe spiele dabei keine Rolle. Für Frauen dagegen gehörten Liebe und Sex zusammen, weshalb sie eher selten allein auf optische Reize reagierten. Das sei auch der Grund, warum Pornomagazine zwar hervorragend an den Mann zu bringen sind, nicht aber an die Frau. Aus Sicht der Evolution ist dieser Unterschied durchaus sinnvoll, der ja – verallgemeinert gesprochen – in der Tat zu beobachten ist. Frauen und Männer sind auch aus unterschiedlichen Gründen mit ihrem Liebesleben unzufrieden. Während sich die Frauen beklagen, ihre Männer seien nicht einfühlsam oder liebevoll genug und nur auf ihr eigenes Vergnügen bedacht, beklagen sich Männer über den Mangel an Abwechslung und über zu wenig Sex.[5] Wie wir jedoch bereits in Kapitel 8 beschrieben haben, kann es auch für Frauen durchaus von Vorteil sein, wenn sie mit mehreren Männern schlafen, können sie ihren Kindern doch dadurch die bestmöglichen Erbanlagen mitgeben. Auch der weibliche Orgasmus ist nicht, wie lange Zeit angenommen, biologisch ohne Sinn und Zweck, weshalb Frauen – evolutionsbiologisch betrachtet – genauso viel Interesse wie Männer an sexueller Befriedigung haben. Bei genauerer Betrachtung dieser Argumente kommt man zu dem Schluss, dass auch hier die Liebe eigentlich nicht unbedingt erforderlich ist.

Wir brauchen diese Einsichten jedoch gar nicht zu leugnen, wenn wir der Meinung sind, dass die sexuellen Beziehungen des Menschen mehr sind als die bloße Befolgung genetischer Instinkte zum Zwecke der Fortpflanzung. Wie komplex die Zusammenhänge zwischen Genen, Emotionen und Persönlichkeit auch sein mögen, die Menschen sehen sich nicht als von der Evolution programmierte Roboter, sondern bringen viele weitere Elemente in ihren Beziehungen zu anderen Menschen ein, vor allem zu ihrem jeweiligen Partner.

Inzwischen wehren sich auch immer mehr Männer gegen die Degradierung zum reinen Sexobjekt, etwas, wogegen die Frauen bereits seit Jahrzehnten ankämpfen. Ein Zeichen dafür, dass sich die Dinge ändern, fand sich in einem Interview mit dem Ehemann von Spice Girl Mel B. in einem Boulevardblatt im September 2000. Jimmy Gulzar erklärte, er habe das Interesse am Sex mit seiner Frau verloren, weil die Beziehung insgesamt nicht gut lief und er den Eindruck hatte, seine Gefühle seien ihr egal. Erst eine Woche zuvor hatte dasselbe Blatt über die ähnliche Geschichte eines Mannes berichtet, der sich darüber beklagt hatte, dass seine Ex-Freundin nur an seinem Körper interessiert gewesen sei. In einem Brief hatte er geschrieben: »Ich möchte als Person geschätzt werden und nicht nur, weil ich dir einen Orgasmus verschaffen kann.«[6]

Sicher können solche Beispiele keinen allgemeinen Sinneswandel bei Männern dokumentieren, aber Studien, die im Auftrag einer Agentur für Beziehungsberatung, Relate, durchgeführt wurden, bestätigen immerhin die steigende Tendenz. Immer mehr Männer wenden sich Hilfe suchend an die Organisation, weil sie das Interesse am Sex mit der Partnerin verloren haben. Nicht, weil sie physisch nicht dazu in der Lage wären, sondern aufgrund von zwischenmenschlichen Problemen und dem Gefühl, dass die Partnerschaft als Ganzes nicht mehr stimmt. Nach den Ergebnissen der Relate-Studie wuchs der Prozentsatz der Männer, die aus solchen Gründen zur Organisation kommen, von sieben bis acht Prozent im Jahre 1996 auf 15 Prozent im Jahr 2000. In *The Guardian* berichtete die von Relate ausgebildete Beziehungsberaterin Julia Cole: »Meiner in zwölf Jahren gesammelten Erfahrung nach beginnen alle Männer, die zu mir kommen, damit, dass sie sich mehr Sex wünschen. Doch nach einer Weile rücken sie damit heraus, dass sie sich eigentlich mehr Zärtlichkeit wünschen und dass sie genauso gestreichelt und berührt werden wollen wie ihre Partnerinnen.«[7]

Sex als Beziehungsbarometer

Manche Paare haben den Eindruck, das Einzige, was bei ihnen funktioniere, sei der Sex. Selbst wenn sie sich sonst über alles und jedes streiten oder wenig gemeinsam haben, können sie im Schlafzimmer hervorragend harmonieren. Doch diese Paare sind in der Minderheit. Sexuelle Schwierigkeiten oder Unzufriedenheit sind meist die Folge von Beziehungsproblemen. Dazu Sarah Litvinoff: »Guter Sex ist kein Allheilmittel gegen alle Probleme in einer Beziehung, obwohl er natürlich dazu beiträgt, sich mit dem anderen wohl zu fühlen. Unbefriedigender Sex hat manchmal nur körperliche Ursachen, aber sehr viel häufiger und wahrscheinlicher ist es das Symptom für andere »unbefriedigende« Umstände in der Partnerschaft.«[8]

Bestätigt wird diese Sicht durch eine vergleichende Studie mit zufriedenen Ehepaaren und Ehepaaren, die zur Beratung gekommen waren.[9] Die zufriedenen Paare schliefen nicht nur häufiger miteinander als die anderen Paare, sondern berichteten auch von vielen anderen gemeinsamen Aktivitäten. Eliot Smith und Diane Mackie haben jedoch darauf hingewiesen, dass solche Ergebnisse nicht einfach zu interpretieren sind. Es könnte sein, dass Sex die Zufriedenheit in der Partnerschaft steigert, es könnte aber genauso gut andersherum sein, nämlich dass Paare, die insgesamt zufrieden mit ihrer Beziehung sind, auch häufiger miteinander schlafen.[10] Damit stimmt überein, dass bestimmte Wesenszüge (z.B. Unleidlichkeit, emotionale Labilität oder Engstirnigkeit) bekanntermaßen Unzufriedenheit in der Partnerschaft und mit dem Sex bewirken.[11] Frauen mit Symptomen des Borderline-Syndroms neigen beispielsweise zu Depressionen und sexueller Unzufriedenheit.[12] Beziehungen hängen also offensichtlich zum Großteil von der Kompatibilität der Charaktere ab, und wenn die Beziehung leidet, dann leidet oft auch das Liebesleben.

Nach Litvinoff müssen bei der Suche nach den Störfaktoren in einer Beziehung zum einen sämtliche Lebensbereiche und zum anderen der Umgang der Partner miteinander betrachtet werden. Angefangen von der Aufteilung der Haushaltspflichten, über den Umgang mit Finanzen, gemeinsame Aktivitäten und Interessen bis hin zu gegenseitiger Zuneigung und Respekt füreinander und vor allem ihrer Streitkultur, kann alles eine Rolle spielen. Litvinoff erklärt, dass sich Groll entwickelt, wenn sich über Dinge, die einem oder sogar beiden Partnern wichtig sind, nicht auseinander gesetzt wird. Auch wenn der Groll nicht offen ausgedrückt wird, kann er sich nachteilig im Schlafzimmer auswirken.

In der Beziehungsberatung macht man immer wieder die Erfahrung, dass sich hinter den geäußerten – oft trivialen – Klagen tiefsitzende und grundlegende Schwierigkeiten verbergen. Ein Beispiel: Eine Frau beklagt sich darüber, dass ihr Mann sehr zugenommen hätte und sein Äußeres vernachlässige, meint aber in Wahrheit, dass sie sich zurückgesetzt fühlt, weil er so viel Zeit beim Trinken mit seinen Freunden verbringt und sie kaum noch beachtet. Oder: Ein Mann klagt, seine Frau habe mehr Interesse an ihrem Beruf als an ihm, leidet aber in Wirklichkeit darunter, dass sie mehr verdient als er oder dass sie im Gegensatz zu ihm einen Beruf hat, der ihr Spaß macht. Solche Zwistigkeiten sind natürlich auch Folge der sich wandelnden gesellschaftlichen Verhältnisse. Besonders Frauen erwarten heute mehr von einer Partnerschaft als ihre Mütter und Großmütter und haben mehr Alternativen bei der Ausgestaltung ihres Lebens. Wenn, wie oft behauptet wird, die Natur den Mann zum Versorgen und die Frau zum Nestbau und zur Kindererziehung vorgesehen hat, dann muss es zu Problemen kommen, wenn einer oder beide dieses Muster für sich ablehnen und andere Lebenswege gehen. Und dann wäre es eher erstaunlich, wenn sich solche Konflikte nicht auch im Sex widerspiegelten.

Ein interessanter Ansatz zur Bedeutungseinschätzung von Sex als Gradmesser der Zufriedenheit in einer Partnerschaft findet sich in einer Studie von John Howard und Robyn Dawes von der University of Oregon.[13] Ihrer Meinung nach kommt es nicht so sehr auf die absolute Häufigkeit von Sex oder Streit an, sondern auf deren relative Häufigkeit im Verhältnis zueinander. Während die zufriedenen Paare fast alle häufiger Sex als Streit haben, verhält es sich bei den unzufriedenen umgekehrt.

Howard und Dawes kamen deshalb auf folgende simple Formel:

Zufriedenheit in der Partnerschaft = Häufigkeit von Sex minus Häufigkeit von Streit

Sex wurde dabei definiert als »genitale Vereinigung mit oder ohne Orgasmus«. Als Streit galt jede Gelegenheit, bei der mindestens einer von beiden unkooperativ wurde, sei es durch körperliche oder verbale Gewalt, durch Weggehen oder Rückzug oder durch emotionale Ausbrüche. Nach Howard und Dawes werden sich Paare, die nach dieser Formel dauerhaft im Minusbereich landen, über kurz oder lang trennen.

In der Regel

Ein häufiger Streitpunkt ist die ablehnende Reaktion des Mannes auf die Frau in ihrer prämenstruellen Phase. Die auf hormonelle Schwankungen zurückzuführende erhöhte Reizbarkeit der Frau wird oft nicht als solche erkannt und kann zu großen Spannungen in der Partnerschaft führen. Ein interessanter Lösungsversuch hierzu heißt *conjoint monitoring.*[14] Darunter versteht man, dass sich Mann und Frau zusammensetzen und gemeinsam eine Liste der »Symptome«, die im Verlauf des Zyklus auftreten, erstellen. Das verbesserte nicht nur die Sexualität, sondern auch die Kommunikation und die Zufriedenheit insgesamt, denn die Symptome wurden nun als solche erkannt und nicht mehr als Reaktion auf das Verhalten des Mannes gewertet (was zum Streit geführt hatte).

Es gibt interessante Spekulationen, wonach die prämenstruellen Symptome in der Evolution vielleicht sogar den Sinn haben, Partnerschaften zu sprengen. Ähnlich wie man kürzlich entdeckte, dass die Übelkeit in den ersten Monaten der Schwangerschaft den Fötus vor Nahrungsgiften schützen soll. Jetzt fragt man sich, ob auch die erhöhte Reizbarkeit vor den Tagen einen Zweck erfüllt. Hormonelle Schwankungen sind vermutlich kein Selbstzweck. Eine Erklärung lautet, dass eine am Ende ihres Zyklus nicht schwangere Frau (schwanger war vermutlich ganz früher der Normalzustand für eine Frau im gebärfähigen Alter) den Mann durch ihre Reizbarkeit vertreibt, damit sie rechtzeitig bis zur nächsten Ovulation einen neuen (vielleicht fruchtbareren) Mann finden kann. Ihr launisches Verhalten dient also vielleicht der Fortpflanzung oder aber dem Test des Partners in Bezug auf seine Loyalität und Zuneigung. Wie bei allen Tricks der Evolution hat die Frau selbst keine Ahnung, warum sie so reagiert.

Elternschaft und Sex

Obwohl der Zusammenhang zwischen Sex und Elternschaft auf der Hand liegt, haben die westlichen Gesellschaften das eine vom anderen getrennt und dem Sex dabei ganz klar den Vorzug gegeben. Die Körper und vor allem die Brüste der Frauen werden in den Medien stark sexualisiert dargestellt, ohne Bezug auf ihre Funktionen für die Fortpflanzung. Wir sehen zwar keine halbnackten Frauen mehr, die auf irgendwelche Kühlerhauben drapiert sind, um die Autos besser an den Mann zu bringen, aber kaum jemand zuckt mit der

Wimper beim Anblick riesiger Bilder von Frauenbrüsten an Bushaltestellen und Plakatwänden, mit denen z.B. für die BH-Serie »Hello Boys« in ganz Großbritannien geworben wurde. Mit Ausnahme der Fachpresse werden Schwangerschaft, Geburt und Mutterschaft in den Medien nur in rosaroten Bildern von frisch gebackenen Müttern (und sehr selten auch Vätern) mit lächelnden oder schlafenden Babys im Arm dargestellt oder mit geschmacklosen Kommentaren darüber versehen, ob Popikonen wie Madonna oder Posh Spice nach der Geburt eines Kindes ihre Figur wiedergewonnen haben (oder eben auch nicht). In der Öffentlichkeit zählt bei Brüsten nur Form und Größe und was momentan gefragt ist. Sie zählen allein als Teil des sexuellen Waffenarsenals einer Frau. Dass sie eigentlich der Ernährung eines Säuglings dienen, interessiert dabei niemanden.

Es gibt nur wenige offene Diskussionen darüber, ob und inwieweit sich Elternschaft auf den Sex auswirkt. Bevor sie es selbst erleben, gehen die meisten davon aus, alles werde bald nach der Geburt wie vorher sein. Aber wenn wir nur kurz darüber nachdenken, müsste uns eigentlich dämmern, dass das nicht sein kann. Doch die meisten Paare sind enttäuscht und verärgert darüber, dass die Ankunft ihres Babys einen enormen und unerfreulichen Einfluss auf ihr Liebesleben hat.

Eine im Mai 2000 von der Zeitschrift *Practical Parenting* unter ihren Lesern durchgeführte Erhebung listete die häufigsten Schwierigkeiten auf: Drei Viertel aller Frauen berichteten, sie hätten das Interesse am Sex für eine ganze Weile nach der Geburt verloren. Ein Grund dafür war Erschöpfung, vor allem bei Müttern zwischen 24 und 33. Insgesamt gaben jüngere Frauen häufiger körperliche Gründe für ihre Unlust an. Fast drei Viertel von ihnen hatte nach drei Monaten wieder Sex, bezeichnenderweise ohne rechtes eigenes Interesse (vermutlich ihren Partnern zuliebe). Aber auch von den Vätern kamen aufschlussreiche Reaktionen. Zwar hatten 77 Prozent nach der Geburt Verständnis für die ablehnende Haltung der Frauen, doch dieses Verständnis verlor sich mit der Zeit zusehends. Weniger als die Hälfte akzeptierte die Situation nach einer Weile auch weiterhin, etwa ein Drittel nur zähneknirschend, und 14 Prozent reagierten beleidigt. Obwohl die Mehrheit der Befragten innerhalb einiger Monate nach der Geburt sexuell wieder aktiv wurde, fanden mehr als die Hälfte von ihnen den Sex weniger gut als vorher. Nur 17 Prozent fanden ihn danach sogar besser. Die meisten waren zu müde und hatten zu wenig Zeit für sich als Paar. Jede(r) Zehnte aber sah die Hauptursache im geringeren Interesse des anderen an Sex, mit gleichen Anteilen bei Männern und Frauen.

Es ist offensichtlich, dass Übermüdung und mangelnde Zeit füreinander die wesentlichen Hindernisse für die Wiederaufnahme sexueller Aktivität sind. Aber es gibt noch andere Faktoren. Die hormonellen Veränderungen im Körper der Frau nach einer Geburt können sich auf ihre sexuelle Erregbarkeit auswirken, vor allem wenn sie stillt. In Kapitel 4 haben wir gesehen, dass Oxytozin das sexuelle Verlangen stimuliert und das Gefühl der Nähe zum Partner verstärkt. Es bewirkt aber auch den Milchfluss bei einer stillenden Frau. Manche Frauen finden es sexuell erregend, ihr Kind zu stillen, aber sehr viele Frauen können eine sexuell gemeinte Berührung ihrer Brüste in dieser Zeit nicht ertragen. Das Streicheln der Brust lässt gelegentlich Milch fließen, was Frauen und Männern unangenehm ist. Sei es, weil es klebt, oder sei es, weil es den Konflikt zwischen Mutter und Geliebter deutlich macht. Dazu Juliet Rix: »Kulturell gesehen wird die Mutter durch die »Jungfrau« Maria als Mutter Gottes symbolisiert und ist damit der sexuell interessierten Frau diametral entgegengesetzt.«[15] Ihrer Meinung nach haben viele Frauen die Vorstellung verinnerlicht, dass Mütter keine sexuellen Wesen sein dürfen. Zusammen mit der ständigen Fürsorge für das Kind während des Tages wird es für die Frau schwer, zwischen den Rollen zu wechseln. Für manche Paare ist es schwierig, vom anderen ein Bild als erwachsenes Individuum parallel zu seiner Funktion als Elternteil zu behalten. Sich vor den Kindern »Mama« und »Papa« zu nennen ist zweckmäßig, doch das Gleiche zu tun, wenn man zu zweit ist, verstärkt den Konflikt Partner/Elternteil.

Ob verminderte oder gar nicht vorhandene sexuelle Aktivität nach der Geburt eines Kindes zum Problem wird, hängt von jedem Paar selbst ab. In der Beziehungsberatung ist man der Meinung, dass es für ein Paar dann nicht zum Problem wird, wenn es andere – nicht-sexuelle – Möglichkeiten findet, seine Intimität zu stärken. Wenn sich die Partner Zeit nehmen, in die neue Rolle hineinzuwachsen und davon ausgehen, dass sich ihr Liebesleben in der veränderten Situation mit der Zeit schon wieder einpendeln wird, besteht kein Grund zur Besorgnis. Wenn aber die gesamte Beziehung unter dem Mangel an Sex leidet oder wenn einer von beiden aus Frust erwägt, sich Sex woanders zu holen, dann sollte das Problem unbedingt gelöst werden.

Wenn es den Betroffenen schwer fällt, die Dinge wieder ins Lot zu bringen, könnte eine Therapie oder Beziehungsberatung helfen. Man könnte ein *sensate-focus*-Programm erwägen, das ursprünglich von den US-amerikanischen Pionieren bei der Erforschung der menschlichen Sexualität, William Masters und Virginia Johnson, entwickelt wurde. Das Programm konzentriert sich zwar auf die körperliche

Seite des Problems, erfordert aber einen hohen Grad an Intimität und Kommunikation der Betroffenen und bringt dadurch häufiger darunter liegende nicht-sexuelle Konflikte zum Vorschein. Das Programm hat zwei Stufen, von denen sich jede über einen unbegrenzten Zeitraum erstrecken kann. Während der ersten nicht-sexuellen Stufe berühren und streicheln sich die Partner, um herauszufinden, was ihnen selbst und was dem anderen gefällt. In der zweiten Phase berühren die Partner sich auch sexuell, ohne aber Verkehr miteinander zu haben. Jeder ist einmal der Gebende und einmal der Empfangende. Viele Paare hat dieses Programm, vor allem wenn es von einem dafür ausgebildeten Therapeuten begleitet wurde, zu einer befriedigenden Sexualität geführt (oder zurückgeführt). Es können dabei allerdings auch unüberbrückbare Gegensätze oder grundlegende Schwierigkeiten in der Partnerschaft aufgedeckt werden.

Rauschmittel und Aphrodisiaka

Die Vorstellung, das Feuer der Leidenschaft jederzeit durch Einnahme irgendwelcher Wunderpillen oder geheimer Zaubertränke entfachen zu können, geistert seit Jahrhunderten durch die Köpfe der Menschen. Trotz anders lautenden Rufs beruht die Wirkung solcher Mittel wie gemahlenes Rhinozeroshorn, Spanische Fliege, Austern oder künstliche Pheromone überwiegend auf Einbildung. Die meisten von ihnen haben entweder überhaupt keine positive Wirkung oder sogar eine negative, wie z.B. Spanische Fliege oder Amylnitrat (»Popper«). Doch auch wenn sie zu einer verbesserten Erektion oder Feuchtigkeitsbildung beitrügen, so würde dadurch zwar der Vollzug erleichtert, zu einer erfüllten Sexualität gehört jedoch weitaus mehr.

Viagra (orales Sildenafil) bildet hier vielleicht eine Ausnahme. Dieses neue Medikament kann bei manchen Männern eine Erektion bewirken, wo das zuvor überhaupt nicht möglich war. In Großbritannien wird es auf Kassenrezept nur Männern verschrieben, deren Erektionsprobleme bestimmte physiologische Ursachen haben, wie beispielsweise eine Schädigung der Blutgefäße und/oder Nervenbahnen, die auf Diabetes oder Verletzungen der Wirbelsäule zurückzuführen sind. Auf Privatrezept wird es manchmal auch in anderen Situationen verschrieben, und im Internet wird es überall als Mittel beworben, mit dem nicht-impotente Männer ihre Erektion verlängern können. Die Anwendung eines solch hochwirksamen Mittels ohne ärztlichen Rat ist jedoch nicht ohne Risiko.

Der eigentlichen Zielgruppe von Männern aber wird dadurch zwar die Möglichkeit zum Verkehr gegeben, aber es hilft nicht bei jeder Form von Erektionsstörung und erst recht nicht, wenn den sexuellen Störungen in Wirklichkeit Beziehungsprobleme zugrunde liegen. Wie gesagt, sexuelle Probleme sind oft die Folge ungelöster Konflikte zwischen den Partnern und wesentlich seltener deren Ursache. Eine Studie wurde mit 58 ambulant zur Behandlung kommenden Männern zwischen 21 und 75 durchgeführt, deren Erektionsprobleme mit Viagra behandelt wurden.[16] Bei 43 Prozent war die Behandlung erfolgreich, d.h. es war ihnen nun möglich, Verkehr zu haben. Einige hatten manchmal immer noch Probleme und bei 17 Prozent half die Behandlung überhaupt nicht. Den Autoren zufolge bestätigt die Studie zwar einerseits die Wirksamkeit von Viagra, zeigt aber andererseits auch, dass manche Männer zusätzliche oder andere Therapien benötigen.

Es gibt Vorschläge, Viagra auch bei Frauen mit sexuellen Schwierigkeiten einzusetzen, die mit mangelnder Erregbarkeit zusammenhängen. Man ist sich aber weitgehend darüber einig, dass hier oft emotionale und psychische Elemente hineinspielen, die auf eine rein physisch orientierte Behandlung nicht ansprechen. Eine Gruppe von neun Frauen mit Orgasmusproblemen nach einer Behandlung mit Antidepressiva (Prozac) bemerkten jedoch eine erstaunliche Verbesserung durch Viagra, oft schon nach einmaliger Einnahme.[17]

Auch Alkohol hat den Ruf eines Aphrodisiakums, obwohl schon bei Shakespeare in »Macbeth« über dessen unzuverlässige Wirkung geklagt wird.

»Er weckt die Wollust oder vertreibt sie.
Er weckt das Verlangen, aber vertreibt das Vermögen.«

Und es stimmt, Alkohol dämpft eher, als dass er stimuliert. Seine Wirkung beruht hauptsächlich darauf, die Person zu enthemmen, aber er vermindert auch ihre Empfindungsfähigkeit. In einer Studie wurde der Zusammenhang zwischen Alkohol und sexuellem Verhalten untersucht. Dabei kam heraus, dass die meisten Menschen unter Alkoholeinfluss eher zum Sex bereit sind, weil sie die Verantwortung für ihr Verhalten auf den Alkohol schieben können, die sie nüchtern aber selbst übernehmen müssten.[18]

Menschen, die regelmäßig Marihuana rauchen, behaupten, es erhöhe das Vergnügen und wirke aphrodisierend. Von 60 Männern und 37 Frauen, die von Ronald Weller und James Halikas befragt wurden, gaben mehr als zwei Drittel an, dass ihr sexuelles Erleben durch die Droge verstärkt würde, und die Hälfte erklärte, es steigere das Verlangen nach ihren Partnern.[19] Die Mehrheit der Befragten hatte Marihuana vor dem Verkehr geraucht, und jeder fünfte machte das regelmäßig so. Man weiß bisher wenig über die Langzeitwirkung von Marihuana, weshalb eine solche Praxis sicherlich nicht zu empfehlen ist.

Hormonersatztherapie

Bei Frauen in der Menopause sinkt die Produktion der Hormone Östrogen und Progesteron und kommt schließlich ganz zum Stillstand. Manchen Frauen macht diese Umstellung nichts aus, andere aber haben erheblich körperlich und seelisch darunter zu leiden, was sich auch auf ihre Libido und ihr sexuelles Empfinden auswirkt. Niedrige Östrogenspiegel sind z.B. die Ursache vaginaler Trockenheit, was den Verkehr unangenehm bis schmerzhaft macht. Auch Depressionen und Stimmungsschwankungen sind bekannte Begleiterscheinungen, obwohl das nicht immer Folge der Hormonumstellung sein muss, sondern auch durch die veränderte Selbstwahrnehmung der Frau bedingt sein kann. Wenn Sex immer mit der – wenn auch theoretischen – Möglichkeit verbunden war, schwanger zu werden, dann kann der Verlust dieser Möglichkeit auch den Verlust der Libido bedeuten. Manche Frauen sehen darin ein Zeichen, nun kein sexuelles Wesen mehr und nicht länger begehrenswert zu sein. Andere empfinden es dagegen als Befreiung. Nun können sie Sex genießen, ohne ständig Angst vor einer Schwangerschaft haben zu müssen. Eine Hormonersatztherapie (HET), bei der synthetische weibliche Hormone eingenommen werden, kann viele körperliche Beschwerden lindern und auch die Stimmung verbessern. Sie ist aber nicht für jede Frau geeignet. Für und Wider müssen hier sorgfältig abgewogen werden.

Trotz der in letzter Zeit durch die Medien geisternden Vorstellung, dass auch Männer eine Art Menopause durchmachen, ist ihr hormoneller Wandel nicht mit dem der Frauen vergleichbar. Doch sie empfinden ähnlich hinsichtlich des Älterwerdens und ihres Selbstbildes. Zwar sinkt auch bei ihnen die Produktion des Hormons Testosteron, aber nur wenn die Produktion sehr stark abfällt, profitieren Männer von einer Hormonersatztherapie. Harvey Sternbach zufolge kann ein Testosteronmangel zu Depressionen, Libidoverlust und Impotenz führen. Er gibt aber zu bedenken, dass immer auch andere Faktoren wie Diabetes oder andere Erkrankungen sowie starker Stress zu solchen Symptomen führen können.[20] Männer mit niedrigem Hormonspiegel sollten sehr sorgfältig untersucht werden, bevor man eine Hormonersatztherapie bei ihnen in Erwägung zieht. Auch müssen die Wirksamkeit und die möglichen langfristigen Nebenwirkungen noch viel genauer erforscht werden. Dieselbe Vorsicht ist geboten, wenn man Frauen mit einer HET zusätzlich mit Testosteron behandelt. Eine Studie hatte nämlich ergeben, dass drei Frauen, deren Testosteronspiegel infolge der Entfernung ihrer Gebärmütter und Eierstöcke stark abgesunken war, ihre sexuelle Energie nach der geringen Gabe von synthetischem Testosteron wiedergewannen.[21]

Eine HET mit Östrogen und Progesteron kann das Liebesleben vieler Frauen in der Menopause verbessern. Trotzdem ist sie kein Allheilmittel, noch weniger Testosteron. Es mag für eine Reihe von Menschen gut und sinnvoll sein, aber für die Mehrheit ist es keine Lösung bei nachlassender oder verschwundener Libido und keine Garantie für Sex bis ins hohe Alter. Die Lösungen dafür müssen wir woanders suchen, vielleicht in der Psycho- oder Beziehungstherapie.

11

HOFFNUNG VERSUS ERFAHRUNG

Die Ehe ist das Grab der Liebe.

Casanova

Nach Oscar Wilde ist eine zweite Ehe »der Triumph der Hoffnung über die Erfahrung«. Und nicht wenige Menschen wagen eine zweite Ehe oder reihen eine langfristige Beziehung an die andere, immer in dem Glauben, diesmal werde alles anders sein. Die Statistiken lehren uns aber, dass es sich hier um einen Irrglauben handelt. In den USA enden 50 Prozent aller Erstehen und 80 Prozent aller Zweitehen mit der Scheidung.[1] In Großbritannien liegen die Zahlen im Verhältnis ähnlich, wenn auch insgesamt etwas niedriger. Hinzu kommen noch die zerbrochenen Langzeitbeziehungen, die von keiner Statistik erfasst werden.

Risikofaktoren

Man hat verschiedene Risikofaktoren gefunden, die erklären sollen, warum Zweitehen noch häufiger zerbrechen als Erstehen. Dazu zählen gesellschaftlicher Druck, große Altersunterschiede und Charaktereigenschaften, die eine Scheidung begünstigen, unabhängig davon, ob es sich um eine Erst- oder Zweitehe handelt. In Kapitel 5 haben wir uns mit der Bindungstheorie befasst, wonach die Menschen sich für einen von drei Bindungsstilen entscheiden (auch wenn es Überschneidungen gibt): *sicher*, *ängstlich* oder *vermeidend*. Eine 1999 veröffentlichte Studie untersuchte, ob es einen Zusammenhang zwischen Bindungsstil und Mehrfachehen gibt.[2] Das Forschungsteam bat 154 wiederverheiratete, im Durchschnitt 39 Jahre alte Frauen einen Fragebogen auszufüllen, um ihren Bindungsstil herauszufinden. Dabei zeigte sich, dass Frauen, die bereits mehrfach verheiratet waren, eher zu einem *vermeidenden* als zu einem *ängstlichen* Bindungsstil neigten. Hatte der vermeidende Bindungsstil zur Scheidung der ersten Ehe geführt, so ist es ohne Änderung der emotionalen Haltung und Reaktionsweisen relativ wahrscheinlich, dass es wieder zu einer Scheidung kommt.

Obwohl Zweitehen häufiger zerbrechen als Erstehen, wäre es ein Irrtum anzunehmen, sie seien deswegen zwangsläufig weniger glücklich. Der Unterschied liegt eher in den Ängsten und Vorbehalten gegenüber einer Scheidung.[3] Wer bereits einmal eine Scheidung hinter sich hat, weiß, was auf sie bzw. ihn zukommt und zieht diese Möglichkeit eher in Betracht, wenn die Dinge nicht so laufen wie gewünscht. In Zweitehen gibt es auch seltener Kinder, denn es ist wohl bekannt, dass Kinder manchmal auch unglückliche Ehen zusammenhalten.

Ein glatter Schnitt?

Die wenigsten schaffen es, eine bereits lange andauernde Beziehung ohne Stress und emotionale Belastung zu lösen. Die Bewältigung einer so großen Veränderung im Leben ist oft ein zäher, schwieriger und nicht immer erfolgreicher Prozess. Um eine vollständige Trennung herbeizuführen, muss Verschiedenes auseinander dividiert werden. »Verschiedenes« umfasst dabei nach einer Studie mindestens drei Dinge: die Liebe zum Partner, Gewohnheiten und auch die jeweiligen Rollen in der Partnerschaft.[4] Wie erfolgreich dies gelingt, entscheidet über Lebenseinstellung und Partnerschaften in der Zukunft und über eine »ordentliche« oder »unordentliche« Scheidung, wobei es mehrere Formen einer unordentlichen Scheidung gibt. Manche Paare machen z.B. gerade so weiter wie vor der Scheidung (Scheidung nur auf dem Papier), und manchmal liebt einer den anderen nach wie vor und betrachtet sich weiterhin als EhepartnerIn (»ich wünschte, es wäre nicht geschehen«). Bleibt die Trennung vom Partner unvollständig, sei es auf emotionaler oder praktischer Ebene, so kann der Mensch sich kein Leben und keine neue Partnerschaft aufbauen.

Angesichts dieser Erkenntnisse sind die Ergebnisse einer Studie interessant, die sich mit den Ansichten verwitweter Frauen zu einer erneuten Heirat befasst.[5] Es wurden 64 Witwen zwischen 61 und 85 befragt, ob sie sich vorstellen könnten, noch einmal zu heiraten. Obwohl viele einräumten, sie fühlten sich nach wie vor von Männern angezogen, war die Mehrheit gegen eine Wiederheirat oder konnte es sich nicht vorstellen. Man stellte Vermutungen über mögliche Ursachen für eine solche Sichtweise an, wie Dauer und Anzahl der Ehen, anhaltende Trauer, Berufstätigkeit, finanzielle Situation, Alter und Gesundheit. Allerdings dürfte es niemanden erstaunen, dass sich die Meinungen zu einer Wiederverheiratung bei geschiedenen und verwitweten Frauen unterscheiden.

Der Ex-Faktor

Wenn eine geschiedene Person erneut heiratet, trägt sie zwangsläufig eine emotionale »Last« in die neue Beziehung hinein. Es gibt Belege dafür, dass die Intensität sowie die Art und Weise, wie Paare nach einer Scheidung weiterhin Kontakt zueinander halten, eine neue Beziehung beeinträchtigen. Elizabeth Stark identifizierte vier verschiedene Formen von Beziehung nach einer Scheidung, die sie »Erzfeinde«, »Zwangsverbündete«, »Zweckgemeinschaft« und »gute Kumpels« taufte.[6] Ihrer Meinung nach sind diejenigen, denen es gelingt, mit dem ehemaligen Partner in regelmäßigem Kontakt zu bleiben, glücklicher in ihrer Folgebeziehung. Außerdem kann das positiven Einfluss auf die Unterhaltszahlungen und den Kontakt der Kinder zu beiden Elternteilen haben. Ob sich das in der Praxis realisiert, lässt sich vorhersagen, meint Stark. Dazu müsse man sich bloß die frühere Beziehung zwischen den Partnern, die Umstände der Trennung und ihre Haltung dazu ansehen.

Inwieweit die Gefühle zu einem früheren Partner eine neue Beziehung beeinflussen, wurde auch von Bram Buunk und Wim Mutsaers untersucht.[7] Von 290 Wiederverheirateten standen nur wenige in Kontakt mit dem ehemaligen Partner oder waren immer noch mit ihm befreundet. Im Gegenteil, es fanden sich eher feindliche als freundschaftliche Gefühle für die Ehemaligen. Kinderlose Paare oder solche mit höherer Bildung hatten nach der Trennung oft bessere Beziehungen zueinander. Andererseits litten vor allem Frauen darunter, wenn ihr Mann seiner ersten Frau immer noch freundschaftlich verbunden war. Bei den Frauen hing die Beziehung zum Ex-Mann davon ab, ob ihr jetziger Partner den Kontakt billigte. Je mehr Probleme er damit hatte, um so unzufriedener waren die Frauen in der Regel mit ihrer gegenwärtigen Beziehung.

Eine unvollständige Trennung scheint die nachfolgende Partnerschaft zu bedrohen, zumindest am Anfang. Das zeigt eine Studie mit 749 Frauen, die nach einer Scheidung mindestens einmal wiederverheiratet waren.[8] Die Frauen hatten zwischen 1965 und 1988 das zweite Mal geheiratet. 29 Prozent von ihnen erwarteten nicht, dass die zweite Ehe länger als fünf Jahre halten würde. 33 Prozent der Frauen, die sich vor der Scheidung vergeblich um eine Versöhnung bemüht hatten, glaubten, dass auch diese Ehe scheitern werde, gegenüber 27 Prozent, die keinen Versöhnungsversuch unternommen hatten. Nach zehn Jahren hatte sich der Unterschied zwischen den beiden Gruppen verringert, nämlich 50 Prozent gegenüber 47 Prozent. Es wird vermutet, dass soziodemographische Variablen einen größeren Einfluss auf Gelingen oder Nichtgelingen einer neuen Partnerschaft in der Anfangsphase haben. Die Frage, ob in der ersten Ehe eine Versöhnung versucht worden war oder nicht, erwies sich als wenig aussagekräftig für den Erfolg einer zweiten Ehe.

Wenn man gefragt wird, wie zufrieden man in einer zweiten Ehe ist, wird zwangsläufig die erste Ehe als Vergleich herangezogen. In mancher Hinsicht erscheint der empfundene Unterschied ausgesprochen groß. Von 290 Wiederverheirateten, die in ihrer gegenwärtigen Ehe glücklicher waren als in der vorigen, gaben vor allem Frauen an, sich nun gleichberechtigter zu fühlen.[9] Je gleichberechtigter die Beziehung, desto größer die Zufriedenheit. Trotzdem unterschieden sich die Sichtweisen zwischen Männern und Frauen, inwiefern die Beziehungen ausgewogener seien. Viele Männer fühlten sich in ihrer ersten Ehe ausgenutzt, in der zweiten dagegen verwöhnt. Je größer sie ihre Vorteile in der jetzigen Beziehung einschätzten, desto zufriedener waren sie natürlich. Die Frauen dagegen betrachteten ihre aktuelle Beziehung als mehr oder weniger ausgewogen. Ausgewogenheit reichte ihnen, damit sie zufriedener waren.

Die meisten Frauen – und vielleicht auch einige Männer – wird es nicht erstaunen, dass Frauen in einer zweiten Ehe oder in einer Lebensgemeinschaft weniger Zeit mit Hausarbeit verbringen als Frauen in einer Partnerschaft, in der beide zum ersten Mal verheiratet sind oder zum ersten Mal mit jemandem zusammenleben. Das ergab die Analyse von Daten der British Household Panel Study von 1991. Sie bezieht sich auf Frauen, die zum zweiten Mal verheiratet sind oder in einer Lebensgemeinschaft leben. Dabei spielte es keine Rolle, wie oft die beteiligten Männer bereits verheiratet gewesen waren oder in Lebensgemeinschaften gelebt hatten.[10] Die Frauen ziehen also Konsequenzen aus ihren ersten Beziehungen und deren Scheitern und handeln in nachfolgenden Partnerschaften bessere Konditionen für sich aus, was zu größerer Zufriedenheit führt. Weitere Untersuchungen u.a. von Lydia Prado und Howard Markham haben das bestätigt. Auch sie kommen zu dem Ergebnis, dass es nicht die Zahl der Probleme in einer Partnerschaft ist, die über Erfolg oder Misserfolg entscheidet, sondern die Fähigkeit, die vorhandenen Probleme zu lösen.[11]

Eltern und Partner

In seiner Komödie *Ein Sommernachtstraum* behauptet Shakespeare, dass die Wege wahrer Liebe niemals eben seien. Und das ist um so unwahrscheinlicher, wenn eine Partei – oder beide – bereits vorhandene Kinder berücksichtigen muss. Früher konnte eine Frau mit Kindern sich »glücklich schätzen«, einen Mann zu finden, der bereit war, für sie zu sorgen. In dieser Beziehung hat sich Gott sei Dank einiges geändert, und dennoch machen Kinder eine Wiederverheiratung oft kompliziert.

Ende der 70er-Jahre heiratete eine Frau unter 30 oft schon relativ kurze Zeit nach ihrer Scheidung erneut.[12] Das galt vor allem für Frauen mit einem geringen Bildungsgrad. Neuere Studien in Großbritannien belegen, dass es nach wie vor um so schwieriger ist, einen zweiten Ehemann oder Lebenspartner zu finden, je mehr Kinder eine geschiedene Frau hat.[13] Das ergab z.B. eine Analyse von Daten aus der General Household Survey und von Interviews mit Geschiedenen über eine mögliche erneute Heirat. Es zeigte sich, dass Kinder eine neue Beziehung auf mehreren Wegen beeinflussen: zum einen durch ihre Ansprüche an Zeit und Zuwendung des sie versorgenden Elternteils, zum anderen aber auch durch ihren Widerstand gegen eine potenzielle neue Partnerschaft und durch Abschreckung eines möglichen neuen Partners bzw. einer Partnerin. Für die Eltern kommt die Sorge um die Kinder oft vor dem Wunsch nach einer neuen Beziehung. Geschiedene Frauen suchen keinen neuen Vater für ihre Kinder, sondern einen Partner für sich selbst, wohingegen kinderlose Geschiedene auch häufig nach einem neuen Partner suchen, weil sie sich Kinder wünschen, so Lampard und Peggs.

Eltern und potenzielle neue Partner machen sich häufig Sorgen darum, dass eine Scheidung sich emotional und psychologisch negativ auf die Kinder auswirkt, was die Akzeptanz eines Stiefelternteils unter Umständen erheblich erschwert. Man hat aber festgestellt, dass sich das Verhalten der Kinder schon vor der elterlichen Trennung ändert und eine Reaktion auf die Konflikte in der Beziehung und keine Folge der Trennung ist.[14] Interessanterweise wirkt es sich besser auf die Kinder von geschiedenen Frauen aus, wenn sie den neuen Lebenspartner heiraten, anstatt nur mit ihm zusammenzuleben. Eine Wiederverheiratung ist andererseits aber nicht besser, als wenn die Frau alleine bleibt.[15]

Ein Blick nach vorn

Für eine zunehmende Zahl von Menschen ohne Partner könnte das Leben als Single als erstrebenswerte Alternative zu Ehe oder Lebensgemeinschaft mehr und mehr an Bedeutung gewinnen. Dabei schließt das Leben und Wohnen für sich allein leidenschaftliche Beziehungen oder Kinder ja nicht aus. Für nicht wenige Menschen wiegen die damit verbundenen Vorteile alle Nachteile auf.

1982 befragten Leonard Cargan und Matthew Melko eine Gruppe von Leuten in Dayton, von denen 29 Prozent niemals verheiratet gewesen, neun Prozent geschieden, 55 Prozent zum ersten Mal und elf Prozent ein zweites Mal verheiratet waren (die Zahlen wurden in angemessener Weise auf- bzw. abgerundet). Außerdem analysierten sie 603 Fragebogen, die Mitglieder einer Single-Organisation ausgefüllt hatten. Dabei stellten sie fest, dass Singles zwar insgesamt weniger zufrieden waren als Verheiratete, aber eine größere Anzahl an schönen Einzelerlebnissen und ein höheres Maß an sexueller Vielfalt genossen. Singles litten häufiger an Einsamkeit oder Depressionen, während Verheiratete vermehrt unter Stress-Symptomen wie Kopfschmerzen, Schlaflosigkeit, Magengeschwüren oder hohem Blutdruck zu leiden hatten. Trotzdem rechnete die Mehrheit der Singles damit, innerhalb der nächsten fünf Jahre verheiratet zu sein, unabhängig davon, ob sie bereits einmal verheiratet gewesen waren oder nicht.[16]

Eine neuere Studie (aus dem Jahr 1997) befasst sich mit der Einstellung von Frauen zwischen 30 und 65 zu ihrem Single-Dasein.[17] Die Gründe für diese Lebensweise waren sehr ambivalent. Die meisten sahen sowohl die Vor- als auch die Nachteile. Sie waren zwar einerseits zufrieden mit ihrem Leben, spürten aber durchaus auch Leere und Bedauern.

Heute schließt das Fehlen einer engen Beziehung zu einem Mann Mutterschaft nicht mehr aus, aber bisher war das Bild der allein erziehenden Mutter das der gehetzten und relativ mittellosen Frau, die mit ihrer Situation nur mit Mühe zurande kommt und mit einem gesellschaftlichen Stigma zu kämpfen hat. Neuere Untersuchungen zeichnen inzwischen jedoch ein anderes Bild.[18] Die befragten Frauen standen finanziell alle auf eigenen Füßen, waren gut ausgebildet und berichteten, dass ihre Entscheidung für eine alleinige Mutterschaft von Familie, Freunden, Ärzten und Arbeitgebern mitgetragen würde und von den anderen durchaus als akzeptable Lebensalternative gesehen werde.

Die Toleranz gegenüber solchen alternativen Lebensweisen ist sicherlich nicht überall gleich groß, aber sie zeigt, dass eine einzige und ausschließliche Partnerschaft mit einem Angehörigen des anderen Geschlechts in der Gesellschaft nicht mehr als *sine qua non* gilt. Es wird immer Menschen geben, die eine Heirat oder eine feste Eins-zu-eins-Beziehung vorziehen, während sich andere für mehrere feste Partnerschaften nacheinander, ein Leben als Single, eine Wohngemeinschaft mit Freunden, eine »offene« Beziehung oder für einen Partner des gleichen Geschlechts entscheiden. Solche unkonventionellen Lebensweisen hat es immer gegeben, wenn auch oft genug nur im Verborgenen, genauso wie Menschen, die sich immer wieder neu verlieben.

Es ist heute nur schwer vorstellbar, dass die Ehe im westlichen Kulturkreis jemals wieder ihre frühere Bedeutung erlangt, aber es ist ebenso schwer vorstellbar, dass die Menschen irgendwann den Freuden und Leiden der Liebe aus dem Weg gehen werden, ganz gleich, wohin sie das führen wird.

ANMERKUNGEN

Kapitel 1: Wunsch und Wirklichkeit

1 Anderson, S., *Death in the Woods*, W. W. Norton & Company, USA 1986.
2 Rubin, Z., »Introduction«, in: R. J. Sternberg und M. L. Barnes (Hg.), *The Psychology of Love*, New Haven 1988.
3 Rubin, Z., »Measurement of romantic Love«, in: *Journal of Personality and Social Psychology*, Nr. 16, S. 265-273.
4 Knox, D., Zusman, M. und Nieves, W., »What I did for love: risky behavior of college students in love«, in: *College Student Journal*, Nr. 32, 1998, S. 203ff.
5 Aron, E. N. und Aron, A., »Extremities of love: the sudden sacrifice of career, family, dignity«, in: *Journal of Social and Clinical Psychology*, Nr. 16, 1997, S. 200-212.
6 Lamm, H. und Weißmann, U., »Subjective attributes of attraction: how people characterize their love, and their being in love«, in: *Personal Relationships*, Nr. 4, 1997, S. 271-284.
7 Hatfield, E. und Walster, G. W., *A New Look at Love*, Reading 1978.
8 Tennov, D., *Love and Limerence*, New York 1973.
9 Brenner, M., »Caring, love and selective memory«, in: *Proceedings of the Annual Convention of the American Psychological Association*, 6, 1971, S. 275f.
10 Brandon, N., »A vision of romantic love«, in: R. J. Sternberg und M. L. Barnes (Hg.), *The Psychology of Love*, New Haven 1988.
11 Lee, J. A., *Lovestyles*, London 1976.
12 Hatkoff, T. und Lasswell, T. E., »Male-female differences and similarities in conceptualising love«, in: M. Cook und G. D. Wilson (Hg.), *Love and Attraction: An International Conference*, Oxford 1979.
13 Wilson, G. D. und Nias, D. K. B., *Love's Mysteries: The Psychology of Sexual Attraction*, London 1976.
14 Kephart, W. M., »Some correlates of romantic love«, in: *Journal of Marriage and the Family*, Nr. 29, 1967, S. 470-478.
15 Montgomery, M. J. und Sorell, G. T., »Love and dating experience in early and middle adolescence: grade and gender comparisons«, in: *Journal of Adolescence*, Nr. 21, 1998, S. 677-689.

16 Byrne, D., *Exploring Social Psychology*, 4. Aufl., Boston 1999.
17 Lee, J. A., »Ideologies of lovestyle and sexstyle«, in: V. C. De Munck u.a. (Hg.), *Romantic Love and Sexual Behavior*, Westport 1998.
18 Yelsma, P. und Athappilly, K., »Marital satisfaction and communication practices: comparisons among Indian and American couples«, in: *Journal of Comparative Family Studies*, Nr. 19, 1988, S. 37-54.
19 Derne, S., »Structural realities, persistent dilemmas, and the construction of emotional paradigms«, in: W. M. Wentworth u.a. (Hg.), *Social Perspectives on Emotion*, Bd. 2, Greenwich 1977.

Kapitel 2: Schönheit und Sexappeal

1 Allen, Woody, Getting Even, 1973.
2 Etcoff, N., *»Nur die Schönsten überleben.« Die Ästhetik des Menschen*, München 2001.
3 Zebrowitz, L. A., *Reading Faces: Window to the Soul?*, Oxford 1997.
4 Perrett, D. I., »Effects of sexual dimorphism on facial attractiveness«, in: *Nature*, Nr. 394, 1998, S. 884-887.
5 Dunbar, R. u.a., »Nature«, zitiert in: *The Times*, 13. Januar 2000.
6 Wildt, L. und Peterman, T., »Oestrogen and age estimations of perimenopausal women«, in: *The Lancet*, Nr. 354, 1999, S. 224.
7 Singh, D., »Adaptive significance of female physical attractiveness: role of waist-to-hip ratio«, in: *Journal of Personality and Social Psychology*, Nr. 65, 1993, S. 293-307.
8 Henss, R., »Waist-to-hip ratio and female attractiveness: evidence from photographic stimuli and methodological considerations«, in: *Personality and Individual Differences*, Nr. 28, 2000, S. 501ff.
9 Wilson, G. D. und Nias, D. K. B., *Love's Mysteries: The Psychology of Sexual Attraction*, London 1976.
10 Feinman, S. und Gill, G. W., »Sex differences in physical attractiveness and preferences«, in: *Journal of Social Psychology*, Nr. 100, 1978, S. 46-52.
11 Weir, S. und Fine, D. M., »Dumb blonde and temperamental redhead«, in: *Irish Journal of Psychology*, Nr. 10, 1989, S. 11-19.
12 Clayson, D. E. und Maughan, M. R., »Redheads and blonds: stereotypic images«, in: *Psychological Reports*, Nr. 59, 1984, S. 811-816.
13 Lalumière, M. L., »Proceedings of the Royal Society«, in: *The Times*, 9. Dezember 1999.
14 Thornhill, R., Gangestad, S. W. und Comer, R., »Human female orgasm and mate fluctuating asymmetry«, in: *Animal Behaviour*, Nr. 50, 1995, S. 1601-1615.

15 Siehe Anmerkung 2

16 Dutton, D. G. und Aron, A. P., »Some evidence for heightened Sexual attraction under conditions of high anxiety«, in: *Journal of Personality and Social Psychology*, Nr. 30, 1974, S. 510-517.

17 Valins, S., »Cognitive effects of false heart rate feedback«, in: *Journal of Personality of Social Psychology*, Nr. 4, 1971, S. 400-408.

18 White, G. L. u.a., »Passionate love and the misattribution of arousal«, in: *Journal of Personality and Social Psychology*, Nr.41, 1981, S. 56-62.

19 Foster, C. A. u.a., »Arousal and attraction: evidence for automatic and controlled processes«, in: *Journal of Personality and Social Psychology*, Nr. 74, 1998, S. 86-101.

20 *The Star*, 18. Januar 1988.

21 Turnbull, J., »Forbidden desires«, in: *The Times*, 5. Januar 1999.

22 Kendrick, K. M. u.a., »Mothers determine sexual preference«, in: *Nature*, Nr. 395, 1998, S. 229f.

23 Wilson, G. D. und Barrett, P. N., »Parental characteristics and partner choice: some evidence for Oedipal imprinting«, in: *Journal of Biosocial Science*, Nr. 19, 1987, S. 157-161.

24 Bateson, P., »Sexual imprinting and optimal outbreeding«, in: *Nature*, Nr. 273, 1978, S. 259f.

Kapitel 3: Partnerwahl

1 Hess, E. H., »Attitude and pupil size«, in: *Scientific American*, Nr. 212, 1965, S. 46-54.

2 Aronson, E. und Linder, D., »Gain and loss of esteem as determinants of interpersonal attractiveness«, in: *Journal of Experimental Social Psychology*, I, 1965, S. 156-171.

3 Walster, E. u.a., » ›Playing hard to get‹: understanding an elusive phenomenon', *Journal of Personality and Social Psychology*, 26, 1973 S. 113-21

4 Clark, R. D. und Hatfield, E., »Gender differences in receptivity to sexual offers«, in: *Journal of Psychology and Human Sexuality*, Nr. 2, 1989, S. 39-55.

5 Buss, D. M., *Evolutionary Psychology: The New Science of the Mind*, Needham Heights 1999.

6 Lalumière, M. L., Seto, M. C. und Quinsey, V. L., »Self-perceived mating success and the mating choices of human males and females« (1995), in: D. M. Buss (Hg.), *Evolutionary Psychology: The New Science of the Mind*, Needham Heights, 1999.

7 Baize, H. R. und Schroeder, J. E., »Personality and mate selection in personal ads: evolutionary preferences in public mate selection process«, in: *Journal of Social Behavior and Personality*, Nr. 10, 1995, S. 517-536.

8 Lance, L. M., »Gender differences in heterosexual dating: a content analysis of personal ads«, in: *Journal of Men's Studies*, Nr. 6 (3), 1998, S. 297-305.

9 Buss, D. M., »Sex differences in human mate preferences: evolutionary hypotheses testing in 37 cultures«, in: *Behavioral and Brain Sciences*, Nr. 12, 1989, S. 1-49.

10 Driscoll, R., Davis, K. E. und Lipetz, M. E., »Parental interference and romantic love; the Romeo and Juliet effect«, in: *Journal of Personality and Social Psychology*, Nr. 24, 1972, S. 1-10.

11 Rubin, Z., »The measurement of romantic love«, in: *Journal of Personality and Social Psychology*, Nr. 16, 1970, S. 265-273.

12 Byrne, D., London, O. und Reeves, K., »The effect of physical attractiveness, sex, and attitude similarity on interpersonal attraction«, in: *Journal of Personality*, Nr. 36, 1968, S. 259-271.

13 Nias, D. K. B., »Husband-wife similarities«, in: *Social Science*, Nr. 52, 1977, S. 206-211.

14 Botwin, M., Buss, D. M. und Shackelford, T. K., »Personality and mate preferences: five factors in mate selection and marital satisfaction«, in: *Journal of Personality*, Nr. 65, 1997, S. 107-136.

15 Eysenck, H. J. und Wilson, G. D., *The Psychology of Sex*, London 1979.

16 Centers, R., »The completion hypothesis and the compensatory dynamic in intersexual attraction and love«, in: *The Journal of Psychology*, Nr. 82, 1972, S. 111-126.

17 Hahn, J. und Blass, T., »Dating partner preferences: a function of similarity of love styles«, in: *Journal of Social Behavior and Personality*, Nr. 12 (3), 1977, S. 595-610.

18 Thiessen, D. u.a., »Social pressures for assortative mating«, in: *Personality and Individual Differences*, Nr. 22, 1997, S. 157-164.

19 Kopelman, R. E. und Lang, D., »Alliteration in mate selection: does Barbara marry Barry?«, in: *Psychological Reports*, Nr. 56, 1985, S. 791-796.

20 Rushton, J. P., »Genetic similarity, human altruism and group selection«, in: *Behavioral and Brain Sciences*, Nr. 12, 1989, S. 503-559.

21 Lykken, D. T., »Is human mate selection adventitious or the result of lawful choice? A twin study of mate selection«, in: *Journal of Personality Psychology*, Nr. 65, 1993, S. 56-68.

Kapitel 4: Die Chemie der Liebe

1 *Sunday Times Magazine*, 5. Oktober 1999.

2 Money, J., *Lovemaps: Clinical Concepts of Sexual/Erotic Health and Pathology, Paraphilia, and Gender Transposition in Childhood, Adolescence, and Maturity*, New York 1986.

3 Liebowitz, M. R., *The Chemistry of Love*, Boston 1983.

4 Hess, E., »Attitude and pupil size«, in: *Scientific American*, Nr. 212, 1965, S. 46-54.

5 Carter, C. S., »Neuroendocrine perspectives on social attachment and love«, in: *Psychoendocrinology*, Nr. 23, 1999, S. 739-818.

6 Bartels, A. und Zeki, S., »The neural basis of romantic love«, in: *Neuroreport*, Nr. 17, 2000, S. 3829-3834.

7 Marazziti, D. u.a., »Alteration of the platelet serotonin transporter in romantic love«, in: *Psychological Medicine*, Nr. 29 (3), 1999, S. 741-745.

8 Giles, D. B., »Pheromones' effects on sexual attractiveness«, Report on London Conference of the British Psychological Society 1998, in: *The Psychologist*, 12, 1999, S. 123.

9 Grammer, K., »Androsterone: a male pheromone?«, in: *Ethology and Sociobiology*, Nr. 14, 1993, S. 201-207.

10 Cutler, W. B., Friedmann, E. und McCoy, N. L., »Pheromonal influences on sociosexual behaviour in men«, in: *Archives of Sexual Behavior*, Nr. 27, 1998, S. 1-13.

11 Siehe Anmerkung 9.

12 Insel,T. R., »Oxytocin: a neuropeptide for affiliation; evidence for behavioural autoradiographic and comparative studies«, in: *Psychoneuroendocrinology*, Nr. 17, 1992, S. 3-35.

13 Fisher, Helen, Anatomie der Liebe: Warum sich Paare finden, sich binden und auseinander gehen, München 1996.

14 Porges, S. W., »Love: an emergent property of the autonomic nervous system«, in: *Psychoneuroendocrinology*, Nr. 23, 1998, S. 837-861.

15 Insel, T. R., »A neurological basis of social attachment«, in: *American Journal of Psychiatry*, Nr. 154, 1997, S. 726-735.

16 Hahn, J. und Blass, T., »Dating partner preferences: a function of similarity of love styles«, in: *Journal of Social Behavior and Personality*, Nr. 12 (3), 1977, S. 595-610.

17 Komisaruk, B. R. und Whipple, B., »Love as sensory stimulation: physiological consequences of its deprivation and expression«, in: *Psychoneuroendocrinology*, Nr. 23, 1998, S. 927-944.

18 *Time*, 15. Februar 1993.

19 Ebenda.

Kapitel 5: Spielarten der Liebe

1 Bowlby, J., *Trennung: Psychische Schäden als Folge der Trennung von Mutter und Kind*, Frankfurt am Main 1986.

2 Shaver, P., Hazan, C. und Bradshaw, D., »Love as attachment: the integration of three behavioral systems«, in: R. Sternberg und M. Barnes (Hg.), *The Psychology of Love*, New Haven 1988, S. 68-99.

3 Simpson, J. A., Rholes, W. S. und Nelligan, J. S., »Support seeking and support giving within couples in an anxiety-provoking situation: the role of attachment styles«, in: *Journal of Personality and Social Psychology*, Nr. 62, 1992, S. 434-446.

4 Simpson, J. A., »Influence of attachment styles on romantic relationships«, in: *Journal of Personality and Social Psychology*, Nr. 59, 1990, S. 971-980.

5 McCarthy, G. und Taylor, A., »Avoidant/ambivalent attachment style as a mediator between abusive childhood experiences and adult relationship difficulties«, in: *Journal of Child Psychology and Psychiatry and Allied Disciplines*, Nr. 40, 1999, S. 465-477.

6 Lee, J. A., *The Colors of Love*, Prentice-Hall, USA 1976.

7 Rubin, Z., *Liking and Loving: An Invitation to Social Psychology*, New York 1970.

8 Sapadin, L. A., »Friendship and gender: perspectives of professional men and women«, in: *Journal of Social and Personal Relationships*, Nr. 5, 1988, S. 387-403.

9 Werking, K. J., »Dissolving cross-sex friendships«, presented at the Speech Communications Association conference, New Orleans, November 1994.

10 Davies, M. F., »EPQ correlates to love styles«, in: *Personality and Individual Differences*, Nr. 20 (2), 1996, S. 257ff.

11 Worobey, J., »Temperament and love attitudes in a college sample«, In: *Journal of Personality and Individual Differences*, 2000.

12 Worobey, J., »Temperament and loving styles in college women: association with eating attitudes«, in: *Psychological Reports*, Nr. 84, 1999, S. 305-311.

13 Grote, N. K. und Frieze, E. H., »›Remembrance of things past‹: perceptions of marital love from its beginnings to the present«, in: *Journal of Social and Personal Relationships*, Nr. 15, 1998, S. 91-109.

14 Sprecher, S., Cate, R. und Levin, L., »Parental divorce and young adults' beliefs about love«, in: *Journal of Divorce and Remarriage*, Nr. 28 (3-4), 1998, S. 107-120.

15 Sternberg, R. J. und Barnes, M. L., *The Psychology of Love*, New Haven 1988.

16 Aron, A. und Westbay, L., »Dimensions of the prototype of love«, in: *Journal of Personality and Social Psychology*, Nr. 70, 1996, S. 535-551.
17 Sternberg, R. J., *Cupid's Arrow: The Course of Love Through Time*, New York 1998.
18 Marston, P. J. u.a., »The subjective experience of intimacy, passion and commitment in heterosexual loving relationships«, in: *Personal Relationships*, Nr. 5, 1998, S. 15-30.
19 Dion, K. K. und Dion, K. L., »Self-esteem and romantic love«, in: *Journal of Personality*, Nr. 43, 1975, S. 39-57.
20 Dion, K. K. und Dion, K. L., »Personality, gender and the phenomenology of romantic love«, in: P. R. Shaver (Hg.), *Self, Situations and Behavior: Review of Personality and Social Psychology*, Nr. 6, 1985, S. 209 -239.
21 Dion, K. K. und Dion, K. L., »Romantic love: individual and cultural perspectives«, in: R. Sternberg und M. Barnes (Hg.), *The Psychology of Love*, New Haven 1988, S. 264-289.
22 Hsu, F. L. K., *Americans and Chinese: Passage to Difference*, 3. Aufl., Honolulu 1981.
23 Hendrick, C. und Hendrick, S., »A theory and method of love«, in: *Journal of Personality and Social Psychology*, Nr. 50, 1986, S. 392-402.
24 Siehe Anmerkung 21.
25 Ebenda.
26 Yelsma, P. und Athappilly, K., »Marital satisfaction and communication practices: comparisons among Indian and American couples«, in: *Journal of Comparative Family Studies*, Nr. 19, 1988, S. 37-54.
27 Galanter, M., »›Moonies‹ get married: a psychiatric follow-up study of a charismatic religious sect«, in: *American Journal of Psychiatry*, Nr. 143 (10), 1987, S. 1245-1249.

Kapitel 6: Kampf der Geschlechter

1 Loyola Management University, Los Angeles.
2 Wiedermann, M. W. und Allegeier, E. R., »Male economic status and gender differences in mate selection preferences: evolutionary versus sociocultural explanations«, in: L. Ellis (Hg.), *Social Stratification and Socioeconomic Inequality*, Bd. 2, S. 1-12, Westport 1994.
3 Hill, R., »Campus values in mate selection«, in: *Journal of Home Economics*, Nr. 37, 1945, S. 554-558.
4 McGinnis, R., »Campus values in mate selection«, in: Social Forces, Nr. 35, 1958, S. 368-373.

5 Hudson, J. W. und Henze, L. F.,) »Campus values in mate selection: a replication«, in: *Journal of Marriage and the Family*, 1969, Nr. 31, S. 772-775.
6 Buss, D. M., »Sex differences in human mate preferences: evolutionary hypotheses testing in 37 cultures«, in: *Behavioural and Brain Sciences*, Nr. 12, 1989, S. 1-49.
7 Wiedermann, M. W. und Allegeier, E. R., »Gender differences in mate selection criteria: sociobiological or socioeconomic explanation?«, in: *Ethology and Sociobiology*, Nr. 13, 1992, S. 115-124.
8 19. August 2000.
9 Buss, D. M. und Schmitt, D. P., »Sexual strategies theory: an evolutionary perspective on human mating«, in: *Psychological Review*, Nr. 100, 1993, S. 204-232.
10 Cameron, C., Oskamp, S. und Sparks, W., »Courtship American style: newspaper advertisements«, *Family Coordinator*, Nr. 26, 1978, S. 27-30.
11 Wilson, G. D. und Nias, D. K. B., *Erotische Anziehungskraft,* Frankfurt/M. 1977.
12 Nevid, J. S., Rathus, S. A. und Rubenstein, H. R., *Health in the New Millennium*, Worth Publishers, USA, 1984.
13 Hatkoff, T. S. und Lasswell, T. E., »Male-female similarities and differences in conceptualizing love«, in: I. M. Cook und G. D. Wilson (Hg.), *Love and Attraction: An international Conference*, S. 221-28, Oxford 1979.
14 Wilson, G. D. und Nias, D. K. B., Erotische Anziehungskraft, Frankfurt/M. 1977.
15 Wilson, G. D., »Gender differences in sexual fantasy: an evolutionary analysis«, in: *Personality and Individual Differences*, Nr. 22, 1997, S. 27-31.
16 Burrett, J., *Changing Hearts*, London 1993.
17 Wilson, G. D., »Feminism and marital dissatisfaction«, in: *Personality and Individual Differences*, Nr. 3, 1982, S. 345ff.
18 Bly, R., *Eisenhans*, München 1991.
19 Gray, J., *Männer sind anders, Frauen auch*, München 1993.
20 Gottman, J. M. und Levenson, R. W., »The social psychophysiology of marriage«, in: P. Noller und M. A. Fitzpatrick, *Perspectives on Marital Interaction*, Clevedon und Philadelphia, 1988.

Kapitel 7: Die Haltbarkeit von Beziehungen

1 Office for National Statistics (2000), »Social Trends«.
2 Family Policy Studies Centre (2000), »Lone Parents Report«.

3 Karney, B. R. und Bradbury, T. N., »The longitudinal course of marital quality and stability: A review of theory, method and research«, in: *Psychological Bulletin*, Nr. 118, 1995, S. 3-34.
4 Riche, M., »Post marital society«, in: *American Demographics*, Nr. 60, 1988, S. 23-26.
5 Markman, H. J., zitiert in »New tools help gauge marital success«, in: R. Edwards, *APA Monitor*, Februar1995.
6 Kennedy, D., »How you argue is the key to marital success or failure«, in: *The Times*, 23. Oktober 1996.
7 Patterson, G. R. und Reid, J. B., »Reciprocity and coercion: two facets of social systems«, in: J. Michael (Hg.), *Behavior Modification in Clinical Psychology*, New York 1970.
8 Gottman, J. M., »Psychology and the study of marital processes«, in: *Annual Review of Psychology*, 49, 1998, S. 169-197.
9 Gottman, J. M., *Why Marriages Succeed or Fail*, New York 1995.
10 Kingsley, M., »Get the hell out of a heavenly match«, in: *The Times*, 29. November 1997.
11 Maugh, T. H., »Study's advice to husbands: accept wife's influence«, in: *Los Angeles Times*, 20. Februar 1998.
12 Fraenkel, P., Markman, H. und Stanley, S., »The preventive approach to relationship problems«, in: *Sexual and Marital Therapy*, 1997, 12, S. 249-258.
13 Huston, T. L., McHale, S. M. und Crouter, A. C., »When the honeymoon's over: changes in the marriage relationship over the first year«, in: R. Gilmour und S. Duck, *The Emerging Field of Personal Relationships*, Hillsdale 1986.
14 Sigelman, C. K. und Shaffer, D. R., *Lifespan Human Development*, New York 1995.
15 Belsky, J., Lang, M. E. und Rovine, M., »Stability and change in marriage across the transition to parenthood: a second study«, in: *Journal of Marriage and the Family*, Nr. 47, 1985, S. 855-865.
16 Cowan, C. P. u.a., »Becoming a family: marriage, parenting and child development«, in: P. A. Cowan und M. Hetherington (Hg.), *Family Transitions*, Hillsdale 1991.
17 Emery, R. E. und Tuer, M., »Parenting and the marital relationship«, in: T. L. Kuster und L. Okagaki (Hg.), *Parenting: An Ecological Perspective*, Hillsdale 1993.
18 Solberg, D. A., Butler, J. und Wagner, N. N., »Sexual behaviour in pregnancy«, in: *New England Journal of Medicine*, Nr. 288, 1973, S. 1098-1103.
19 Rollins, B. C. und Feldman, H., »Marital satisfaction over the family life cycle«, in: *Journal of Marriage and the Family*, Nr. 32, 1970, S. 20-28.

20 Myers-Walls, J. A., »Balancing multiple roles and responsibilities during the transition to parenthood«, in: *Family Relations*, Nr. 33, 1984, S. 267-271.
21 Belsky, J., »Early human experience: a family perspective«, in: *Developmental Psychology*, Nr. 17, 1981, S. 3-23.
22 Kalmuss, D., Davidson, A. und Chushman, L., »Parenting expectancies, experiences and adjustment to parenthood: a test of the violated expectations framework«, in: *Journal of Marriage and the Family*, Nr. 54, 1992, S. 516-526.
23 *The Guardian*, 25. September 2000.
24 Roberts, Y., »The new divorce«, in: *The Guardian*, 25. September 2000.
25 Ebenda.
26 Siehe Anmerkung 3
27 Murray, S L, Holmes, J G and Griffin, D W (1996) ›The self-fulfilling nature of positive illusions in romantic relationships. Love is not blind, but prescient‹, Journal of Personality and Social Psychology, 71, S. 1155-1180

Kapitel 8: Treue

1 Jung, C. G.: *Erinnerungen, Träume, Gedanken*, Zürich [u.a.] 1962.
2 Wilson, G. D., *Love and Instinct*, Temple Smith, London1981.
3 Campbell, A., *The opposite Sex*, London 1989.
4 Kinsey, A. C. u.a., *Das sexuelle Verhalten des Mannes*, Frankfurt a.M., Hamburg 1970.
5 Symons, D., The Evolution of Human Sexuality, New York 1979.
6 Zitiert in: »Every Father's Fear«, in: *Sunday Telegraph*, 19. Juli 1998.
7 Baker, R. und Oram, E., *Baby Wan: Parenthood and Family Strife*, New York 2000.
8 Dawkins, R., *Das egoistische Gen*, Heidelberg u.a. 1994.
9 Baker, R., *Krieg der Spermien*, Bergisch Gladbach 1999.
10 Short, R. V., »Sexual selection and its component parts: somatic and genital selection as illustrated by man and the great apes«, *Advances in the Study of Behaviour*, Nr. 9, 1979.
11 Hamer, D., Copeland, P., Das unausweichliche Erbe: Wie unser Verhalten von unseren Genen bestimmt ist, Bern, München, Wien 1998.
12 *The Times*, 1998
13 Genes turn love rats into ›monogamice‹«, in: *The Sunday Times*, 7. Februar 1999.

14 siehe Anmerkung 6.

15 Baker, R. und Bellis, M. A., »Human sperm competition: ejaculate manipulation by females and a function for the female orgasm«, in: *Animal Behaviour*, Nr. 46 (5), 1994, S. 887-909.

16 Boivin, J. u.a., University of Cardiff 1998 (keine genaueren Angaben erhältlich).

17 Enquist, M., Rosenberg, R. und Temrin, H., »The logic of *ménage à trois*«. Proceedings of the Royal Society, Ser B 265, 1998, S. 609-613.

18 Birkhead, T. R., *Promiscuity: An Evolutionary History of Sperm Competition and Sexual Conflict*, Boston 2000.

19 Fisher, H., »Lust, attraction and attachment in mammalian reproduction«, in: *Human Nature*, Nr. 9, 1998, S. 23-52

20 Greiling, H. und Buss, D. M., »Women's sexual strategies: the hidden dimension of extra-pair mating«, in: *Journal of Personality and Individual Differences*, Nr. 28, 2000, S. 929-963.

21 Hensley, W. E., »The effect of a Ludus love style on sexual experience«, in: *Social Behaviour and Personality*, Nr. 24 (3), 1996, S. 205-212.

22 Lee, J. A., *Lovestyles*, London 1976.

23 Wiedermann, M. W. und Hurd, C., »Extradyadic involvement during dating«, in: *Journal of Social and Personal Relationships*, Nr. 16 (2), 1999, S. 265-274.

24 Drigotas, S. M., Safstrom, C. A. und Gentilia, T., »An investment model prediction of dating infidelity«, in: *Journal of Personality and Social Psychology*, Nr. 77 (3), 1999, S. 509-524.

25 Buss, D. M. und Shackleford, T. K., »Susceptibility to infidelity in the first year of marriage«, in: *Journal of Research in Personality*, Nr. 31, 1997, S. 193-221.

Kapitel 9: Liebeskummer

1 Grover, J. G. u.a., »Mate selection processes and marital satisfaction«, in: *Family Relations*, Nr. 34, 1985, S. 383-386.

2 Byrne, D. und Murnen, S. K., »Maintaining love relationships«, in: *The Psychology of Love*, New Haven 1988.

3 Crawford, D. W. und Huston, T. L., »The impact of the transition to parenthood on marital leisure«, *Personality and Social Psychology Bulletin*, Nr. 19, 1993, S. 39-46.

4 Andrews, F. M., Abbey, A. und Halman, L. J., »Stress from infertility: marriage factors and subjective wellbeing of wives and husbands«, in: *Journal of Health and Social Behaviour*, Nr. 23, 1992, S. 238-253.

5 Drigotas, S. M. und Rusbult, C. E., »Should I stay or should I go? A dependence model of break-ups«, in: *Journal of Personality and Social Psychology*, Nr. 62, 1992, S. 62-87.
6 Baxter, L. A., »Gender differences in the heterosexual relationship rules embedded in break-up accounts«, in: *Journal of Social and Personal Relationships*, Nr. 1, 1986, S. 29-48.
7 Aron, A, u.a., »Couples' shared participation in novel and arousing activities and experienced relationship quality«, in: *Journal of Personality and Social Psychology*, Nr. 78, 2000, S. 273-284.
8 Rusbult, C. E. u.a., »Accommodation processes in close relationships: theory and preliminary empirical evidence«, in: *Journal of Personality and Social Psychology*, Nr. 60, 1991, S. 53-78.
9 Simpson, J. A., Rholes, W. S. und Phillips, D., »Conflict in close relationships: an attachment perspective«, in: *Journal of Personality and Social Psychology*, Nr. 71, 1996, S. 899-914.
10 Buss, D. M. u.a., »Sex differences in jealousy: evolution, physiology and psychology«, in: *Psychological Science*, Nr. 3, 1992, S. 251-255.
11 Buunk, B., »Jealousy as related to attributions for the partner's behaviour«, in: *Social Psychology Quarterly*, Nr. 47, 1984, S. 107-112.
12 Buunk, B., »Personality, birth order and attachment styles as related to various types of jealousy«, in: *Personality and Individual Differences*, Nr. 23, 1997, S. 997-1006.
13 Hill, C. T., Rubin, Z. und Peplau, L. A., »Break-ups before marriage: the end of 103 affairs«, in: *Journal of Social Issues*, Nr. 32 (1), 1976, S. 147-168.
14 Harvey J. H., Wells, G. L. und Alvarez, M. D., »Attribution in the context of conflict and separation in close relationships«, in: J. H. Harvey, W. Ickes und R. F. Kidd (Hg.), *New Directions in Attribution Research*, Bd. 2, Hillsdale 1978, S. 235-60.
15 Wanderer, Z. und Cabot, T., *Letting Go: A Twelve-week Personal Action Plan to Overcome a Broken Heart*, New York 1987.
16 Norwood, R., *Wenn Frauen zu sehr lieben. Die heimliche Sucht, gebraucht zu werden*, Reinbek bei Hamburg 1994.
17 British Crime Survey, The Home Office, London 2000.
18 Murray, I., »Stalking report«, in: *The Times*, 14. Januar 2000.
19 Abrams, K. M. und Robinson, G. E., »Stalking: Part 1, An overview of the problem«, in: *Canadian Journal of Psychiatry*, Nr. 43 (5), 1998, S, 473-746.
20 Mullen, P. E., Pathe, M. und Purcell, R., *Stalkers and their Victims*, Cambridge 2000.

Kapitel 10: Im Schlafzimmer

1 Dahlberg, E., *Reasons of the Heart,* 1965 (keine genaueren Informationen erhältlich).

2 Kelley, K. und Musialowski, D., »«Repeated exposure to sexually explicit stimuli: novelty, sex and sexual attitudes«, in: *Archives of Sexual Behaviour,* Nr. 15, 1986, S. 487-498.

3 Griffitt, W., »Sexual intimacy in aging marital partners«, in: J. Marsh und S. Kiesler (Hg.), *Aging: Stability and Change in the Fancily,* New York 1981, S. 301-315.

4 Ogden, S. R. und Bradburn, M. N., »Dimensions of marriage happiness«, in: *American Journal of Sociology,* Nr. 73, 1968, S. 715-731.

5 Laumann, E. O. u.a., *The Social Organization of Sexuality,* Chicago 1994.

6 Zitiert in: *The Guardian,* 7. September 2000.

7 Ebenda.

8 Litvinoff, S., *Gemeinsam durch dick und dünn, kompetente Antworten auf die häufigsten Fragen in der Partnerschaft,* Landsberg, München 2002.

9 Birchler, G. R. und Webb, L. J., »Discriminating interaction behavior in happy and unhappy marriages«, in: *Journal of Consulting and Clinical Psychology,* Nr. 73, 1977, S. 30-37.

10 Smith, E. R. und Mackie, D. M., *Social Psychology,* Hove 2000.

11 Botwin, M. D., Buss, D. M. und Shackelford, T. K., »Personality and mate preferences: five factors in mate selection and marital preferences«, in: *Journal of Personality,* Nr. 65, 1997, S. 107-136.

12 Hulbert, D. F., Apt, C. V. und White, L. C., »An empirical examination into the sexuality of women with borderline personality disorder«, in: *Journal of Sex and Marital Therapy,* Nr. 18, 1992, S. 231-242.

13 Howard, J. W. und Dawes, R. M., »Linear prediction of marital happiness«, in: *Personality and Social Psychology Bulletin,* Nr. 2, 1976, S. 478ff.

14 Frank, B., Dixon, D. M. und Gross, H. J., »Conjoint monitoring of symptoms of premenstrual syndrome: impact on marital satisfaction«, in: *Journal of Counseling Psychology,* Nr. 40, 1993, S. 109-114.

15 Rix, J., *Von aller Lust entbunden? Sexualität nach der Schwangerschaft,* München 1996.

16 Pallas, J. u.a., »A study using Viagra in a mental health practice«, in: *Journal of Sex and Marital Therapy,* Nr. 26 (1), 2000, S. 41-50.

17 Nurnberg, H. G. u.a., »Sildenafil for women patients with antidepressant-induced sexual dysfunction«, in: *Psychiatric Services,* Nr. 50 (8), 1999, S. 1076ff.

18 Lang, A. R., »The social psychology of drinking and human sexuality«, in: *Journal of Drug Issues,* Nr. 15 (2), 1985, S. 273-289.

19 Weller, R. und Halikas, J., »Marijuana use and sexual behaviour«, in: *Journal of Sex Research*, Nr. 20 (2), 1984, S. 186-193.
20 Sternbach, H., »Age-associated testosterone decline in men: clinical issues«, in: *American Journal of Psychiatry*, 155 (10), 1998, S. 1310-1318.
21 Warnock, J. K. u.a., »Female hypoactive sexual disorder: case studies of physiologic androgen replacement«, in: *Journal of Sex and Marital Therapy*, Nr. 25 (3), 1999, S. 175-182.

Kapitel 11: Hoffnung versus Erfahrung

1 Wylie, M. P., »The experience of successful couples' relationships: a heuristic exploration«, Dissertation Abstracts International: Section B, *The Sciences and Engineering*, Nr. 60 (1-8), 0414, 1999.
2 Ceglian, C. P. und Gardner, S., »Attachment style: a risk for multiple marriage?«, in: *Journal of Divorce and Remarriage*, Nr. 31 (1-2), 1999, S. 125-139.
3 Grizzle, G. L., »Remarriage as an incomplete institution: Cherlin's (1978) views and why we should be cautious about accepting them«, in: *Journal of Divorce and* Remarriage, Nr. 26, 1996, S. 191-201.
4 Hagestad, G. O. und Smyer, M. A., »Dissolving long-term relationships: patterns of divorcing in middle age«, in: S. W. Duck (Hg.), *Personal Relationships 4: Dissolving Personal Relationships*, London 1982.
5 Talbot, M. M., »Older widows' attitudes towards men and remarriage«, in: *Journal of Aging Studies*, Nr. 12 (4), 1998, S. 429-449.
6 Stark, E., »Friends through it all«, in: *Psychology Today*, Nr. 20 (5), 1986, S. 54-60.
7 Buunk, B. P. und Mutsaers, W. »The nature of the relationship between remarried individuals and former spouses and its impact on marital satisfaction«, in: *Journal of Family Psychology*, Nr. 13 (2), 1999, S. 165-174.
8 Wineberg, H., »Association between having a failed marital reconciliation in the first marriage and dissolution of the second marriage«, in: *Journal of Divorce and Remarriage*, Nr. 27 (3-4), 1997, S. 39-50.
9 Buunk, B. P. und Mutsaers, W., »Equity perceptions and marital satisfaction in former and current marriage«, in: *Journal of Social and Personal Relationships*, Nr. 16 (1), 1999, S. 123-132.
10 Sullivan, O., »The division of housework among ›remarried‹ couples«, in: *Journal of Family Issues*, Nr. 18 (2), 1997, S. 205-223.
11 Prado, L. M. und Markham, H. J., »Unearthing the seeds of marital distress: what we have learned from married and unmarried couples«, in: J. Cox u.a. (Hg.), *Conflict and Cohesion in Families: Causes and Consequences*, Hillsdale 1999.

12 Glick, P. C. und Lin, S., »Recent changes in divorce and remarriage«, in: *Journal of Marriage and the Family*, Nr. 48 (4), 1986, S. 737-747.
13 Lampard, R. und Peggs, K., »Repartnering: the relevance of parenthood and gender to cohabitation and remarriage among the formerly married«, in: *British Journal of Sociology*, Nr. 50 (3), 1999, S. 443-465.
14 Cherlin, A. J. u.a., »Longitudinal studies of effects of divorce on children in Great Britain and the United States«, in: *Science*, Nr. 252, 1991, S. 1386-1389.
15 Isaacs, M. B. und Leon, G. H., »Remarriage and its alternatives following divorce: mother and child adjustments«, in: *Journal of Marital and Family Therapy*, Nr. 14, 1988, S. 163-173.
16 Cargan, L. und Melko, M., *Singles: Myths and Realities,* Beverly Hills und London 1982.
17 Lewis, K. G. und Moon, S., »Always single and single again women: a qualitative study«, in: *Journal of Marital and Family Therapy*, Nr. 23 (2), 1997, S. 115-134.
18 Mannis, V. S., »Single mothers by choice«, in: *Family Relations*, Nr. 48, 1999, S. 121-128.

REGISTER

Leben Sie in einer Langzeitbeziehung?
Vermissen Sie die Leidenschaft?
Möchten Sie zuerst die gute oder die schlechte Nachricht hören?

Okay, zuerst die gute: Sie sind ganz normal. Und die schlechte? Dauerhaftes Liebesglück, ewiges Begehren mit möglichst immer dem selben Partner – das ist nichts als ein schöner Traum, der früher oder später an der täglichen Beziehungsrealität zerbricht.
Bissig und provokativ deckt Michael Mary die fünf wichtigsten Liebeslügen auf, die Langzeitpaare verunsichern und belasten. Mit diesem (Anti-) Ratgeber zeigt er, dass Partnerschaften ganz andere Werte haben und welche Lösungen Paare mit Gelassenheit und Toleranz finden können.

ISBN 3-404-60512-8

BASTEI LÜBBE

Die Liebe zu Zeiten der unbegrenzten Möglichkeiten

Die moderne Medizin überwindet immer mehr biologische Grenzen. Zeugungsunfähigkeit oder Unfruchtbarkeit wird es in naher Zukunft nicht mehr geben. Leihmutterschaft, künstliche Befruchtung, das Kaufangebot wertvoller Gene – all diese Möglichkeiten werden auch unsere Sexualität verändern. Die Frage ist nur wann, wie und in welchem Ausmaß ... Robin Baker, Evolutionsbiologe und Autor des Bestsellers *Krieg der Spermien*, blickt in seinem neuen Buch auf unser zukünftiges Fortpflanzungsverhalten. Und vieles, was uns heute noch als Science Fiction erscheint, wird von der Realität noch übertroffen werden ...

»Ein explosives Buch.« Manchester Evening News

ISBN 3-404-60511-X

BASTEI LÜBBE

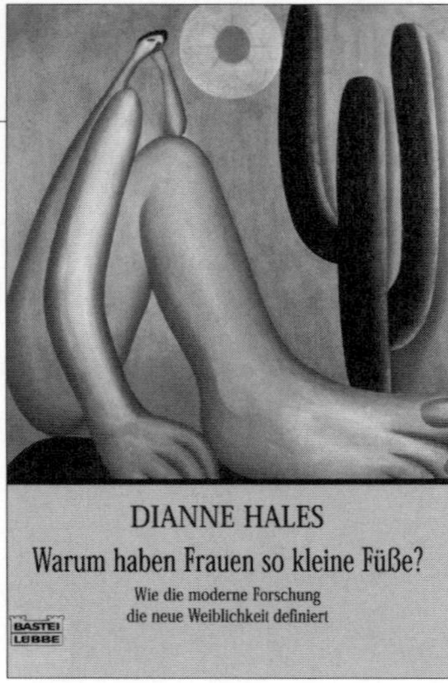

Die Antwort lautet nicht:
Damit sie näher am Herd stehen können!

Dass Frauen anders sind als Männer, weiß jeder. Physisch, psychisch – und überhaupt. Zahlreiche Anekdoten aus dem persönlichen Erfahrungsschatz, Mythen, Witze und mehr oder weniger gesicherte »wissenschaftliche Erkenntnisse« zeugen davon. Seit Jahrhunderten beschäftigen sich Mediziner und Psychologen, Historiker, Soziologen und Schriftsteller mit diesem Phänomen, versuchen zu sagen, wie Frauen sind – und scheitern.
Dianne Hales, eine der bekanntesten amerikanischen Gesundheits-journalistinnen, verabschiedet sich von stereotypen Vorurteilen und bedient sich der neuesten Forschungsergebnisse, um den weiblichen Körper, die Psyche und die Sozialisation von Frauen zu erklären.

»Eine sehr feinsinnige Untersuchung ... aufmerksam beobachtet und überzeugend dargestellt.« Time

ISBN 3-404-60494-6

BASTEI LÜBBE